大人のためのシュタイナー教育講座
2002年7月発行号
第3期　NO.6　通巻18号

シュタイナーに学ぶ
「時代を越えて、共に生きること」

表紙デザイン／山下知子
本文デザイン／STUDIO Y2（藁谷尚子　市川瑞紀）
表紙カバー絵／中村トヨ　本文イラスト／御手洗仁美

シュタイナー教育に学ぶ通信講座を終えるにあたって

再び夏が巡って来ました。北海道で迎える4度目の夏です。匂うような新緑の間を風が吹きわたり、青い峰の向こうには雲が浮かんでいます。そして、わたしはといえば、皆さまのことを思いながら、ここにこうして身を置いていることに不思議な縁を感じながら佇んでいます。

タンポポの綿毛が風に運ばれて遠く旅し、ふっと風に置き去りにされてそこを居と定めるように、わたしも光に導かれ、光に乗ってここまでやってきました。そして皆さまと出会い、共に感じ、考え、話し、聞き…学ぶ機会を与えていただきました。この希有な体験を、わたしはどれほど感謝していることか！ 感謝しても感謝しても尽きぬ思いが湧き出てきます。

皆さま、3年間ご一緒に学んでいただき、本当にありがとうございました。3年の間、わたしという一人の人間が感じ、考え、行っていることを読み続けるということが、どれほど皆さまに忍耐と努力を要求するものであったことか！ わたしにも容易に想像がつきます。

わたしの感じ方、考え方にはある強い傾向があります。行為に表すときにも、独特の癖を持っています。そのわたしの傾向と癖にお付き合いいただき、共に学んでいただいたことに、心から感謝いたします。

この通信講座を通して、皆さまがルドルフ･シュタイナーの思想に関心を持たれ、もっともっと学びたいという衝動を持たれたなら、これほど嬉しいことはありません。どうぞ、ここをスタート地点とお考えになり、シュタイナーの洞察に導かれながら、これからは皆さまお一人おひとりが世界をご自身で感じ、考え、感じ、考えたことをご自分の意志で行為する、真に自由で自立した存在となるための道を歩んで行ってください。わたしもそうします。

わたしたちの前には多くの先人がいます。これからは彼らの話に耳を傾け、彼らが著した書物をお読みください。それが皆さまの行為する力となりますよう、願ってやみません。

この3年間…こんなことを書いてよいのだろうか？今わたしが書いていることは正しいのだろうか？ シュタイナーが洞察したことと違っていないだろうか？…わたしはいつも迷い、悩み、戸惑いながら続けてきました。今でも定かではありません。

これから3年、5年後、皆さまと学んだことの中に…わたしはあのとき、あんなことを書いたけれどあれは間違いだった、とか、あれは必ずしもああではなく、こんなふうにも考えられる…ということが、きっと起こるだろうと予想しています。そのとき、わたしは恥ずかしさに身を縮ませ、大きな穴を掘って身を沈めたくなるかもしれません。けれど、実はそれが大切なことなのだ、とシュタイナーは言っています。

…子どもの内で、学んだことがそのまま形を変えずに在りつづけるということは、死んだ概念を与えられたということである。子どもが真に生き生きと学ぶことができたとき、学んだことが子どもの内で変容する…と。

わたしたちがこの3年間、真に学ぶことができていたら、皆さまの内で、またわたし自身の内で、学んだことが必ずや変容するに違いありません。いつかまた皆さまとお目にかかり、お互いの内でどのような変容が見られたか、話し合い、聞き合うことができるとよいですね！

その日を楽しみに、今回はこれでお別れいたします。

もう一度、皆さまからいただいた愛、熱、光、力…すべてのことに心から感謝いたします。まことに、まことにありがとうございました。どうぞ、お元気で！

大村 祐子

第3期
●●●●●●●
最終号

シュタイナーに学ぶ通信講座によせて

皆さま、おげんきですか？

2002年7月1日号

4月に入ってから、伊達は白い靄（もや）に包まれることが多くなりました。海と山と野が渾然（こんぜん）と溶け合っている様（さま）はまるで夢の中の光景のような気さえします。

「ひびきの村」の「シュタイナーいずみの学校」は、4月7日に入学式と始業式を迎え、8日から54人の子どもたちが勉強をはじめました。

8年生と9年生の教室は、わたしの自宅の1階を改造した「舟岡校舎」です。今年1月に教室が4つと図書室、教職員の部屋、台所、トイレを備えた仮校舎が完成しました。その同じ敷地に8年生と9年生のための教室を増築する予定でしたが、それができない、という事情が起こり、考えに考えた末、わたしの家を使ってもらうことに決めました。「わたしの家なら文句はないでしょう！」と心の中で啖呵《たんか》を切るような気持でした。このような仕事をしていると、…必要なこと、正しいことを行えない悔《くや》しさ、無念さ…を味わうことが多くあります。生来呑気《のんき》者のわたしは、大抵のことは「ま、しょうがないか…」と諦《あきら》めることができるのですが、今度ばかりは心から哀しさを味わいました。

冬休みを返上して、毎日極寒の中を働き続けた8年生（現9年生）の子どもたち。下級生の手本となり、大人の大きな手助けとなり、わたしたちの希望の光として輝きつづけてくれた8年生。その子どもたちが、自分たちの手でつくったその校舎で勉強したのはたった8週間。また大人の事情で、他に移らなければならなくなったのです。

「あの子たちには、わたしが持っているいちばんよいものをあげたい！」そう、切望しました。そうして考えついたのが、わたしの家をあの子たちの教室として使ってもらうということだったのです。10畳の教室が二つ、それを挟《はさ》んで15畳の広間ができました。勿論、十分な空間ではありません。けれど、そこは彼らを想う教師や親たちの手で、美しい空間に生まれ変わりました。

ありがたいことです。

3月13日

「シュタイナーいずみの学校」の父母と教師の会が持たれました。生徒54人と、保護者が一度に集まることができる場所があるのですか?…ってご心配いただいてありがとうございます。

学校の3軒先にある松本建設さんの2階のホールを、3年間のお約束でお借りすることができました。21坪あるそのホールはオイリュトミー、集会、勉強会、研修会、ワークショップ、コンサートなどなど…いろいろに使わせていただく予定です。

これまで、わたしたちは伊達市の公の建物を使わせていただいていましたが、わたしたちの使用頻度《ひんど》があまりにも激しいために、クレームが来てしまったのです。「公共の建物を教室として使われるのはどうも…」とおっしゃいます。それもそうですね。「伊達市で暮らす市民の皆さんが使うものですから」…本当におっしゃるとおりです。こうして一つ、またひとつと問題に向き合い、解決しながら進むべき道を歩むことができることは、大変ありがたいことです。

3月29日

パレスティナを攻撃するイスラエル軍の手が緩（ゆる）みません。世界中の人々が憤《いきどお》り、心を痛めています。アラファト議長が監禁状態に置かれました。テレビの画面に映し出される彼の表情は、わたしの記憶にあるあのはつらつとした革命家の様子はなく、夢をうち砕《くだ》かれ、野望を遂げる道を絶たれ、依るすべもない老人のようです。彼と彼を崇拝するパレスティナの人々の運命は…いったいどうなるのでしょうか？　だれにも分かりません。

4月3日

東京から税理士の滝島勇一さんがお見えになりました。「ほんの木」出版社の柴田敬三さんがご紹介くださいました。滝島さんは柴田さんの中学・高校時代の野球部の後輩だそうです。

滝島さんは仕事を始める前に、ご自分の生い立ちを2時間近くかけて話してくださいました。「皆さんの大切なお金を扱うのですから、わたしがどんな者であるか、知っていただく必要があると思って…いやいや、長い時間を費やしてしまいました」と、滝島さんは恐縮していらっしゃいましたが…。

わたしは胸が熱くなり、感謝の気持ちでいっぱいでした。税理の仕事をこんなにも誠実にしていらっしゃる…。仕事を始めて30年近くの間、滝島さんはずーっとこうして仕事をつづけていらしたようです。

「税は正しく払いましょう。フェアに。けれど払い過ぎることもないように！」

それが滝島さんのモットーです。勿論、わたしたちに異論があるわけがありません。こうして「ひびきの村」がたとえわずかでも、税金を納めるまでに成長し、社会の一員としての責任を果たせることができるようになったことを、わたしたちは大変嬉しく思っています。

メッセージ＿＿＿＿＿＿＿＿＿＿＿＿＿＿＿＿

4月8日

May I help you?

8年生と9年生が修学旅行の費用を捻出するために始めたプロジェクトです。ベビーシッター、話し相手、料理、買い物、家具や電気製品の修理、植木の手入れ、掃除、カーウオッシュ、水撒《ま》き、ウクレレとギターとリコーダーの演奏、草取り、窓拭き、包丁研《と》ぎ、家の片づけ、引っ越しの手伝い…自分たちのできるありとあらゆることを請け負う…というプロジェクトです。ちらしを作り、配って…もうその日から注文があったとか！　中でも車のタイヤ交換の依頼が殺到して捌（さば）くのが大変だったとか！

子どもたちの資金作りは、昨年、わたしが担任しているときから始まりました。子どもたちの発案で、Tシャツを作りました。自分たちが描いた水彩画を業者に持ち込み、それをプリントしてもらってステキなシャツができあがりました。200枚作ったシャツは売り切れ、わたしの手許には1枚も残っていません。皆さまの中にも、「ひびきの村」へお出かけになったときに、買ってくださった方がいることでしょう。ありがとうございました。

子どもたちは5月24日から29日までの6日間、マウイ島に行きます。計画は、昨夏、わたしがマウイ島のハレヤカラ・ヴァルドルフ・スクールに伺ったときに始まり、とうとう子どもたちの修学旅行が実現します。子どもたちはハレヤカラ山に登り、4日間トレッキングをし、キャンプをして過ごします。そして、残りの2日はハレヤカラ・ヴァルドルフ・スクールに通う子どもたちの家に泊めていただきます。ホームステイは一人ずつ…と決めたので、子どもたちはとても緊張しています。ハレヤカラ・ヴァルドルフ・スクールでは全校集会に出、いろいろな技《わざ》（歌・リコーダー・詩の朗唱など…を子どもたちはこう呼びます）を披露（ひろう）する予定です。

わたしも行きたいなあ…でも、もう若い邦宏先生に託したのだから…諦《あきら》めましょう！

さて、「May I help you?」に頼めることはないかしら？　せめて、彼らの資金稼ぎに協力しなければ！

4月14日

今日は、子どもたちが心待ちにしていた「イースター・ピクニック」です。

野に、山に、海に、空に…どこにもかしこにも朝から明るい日差しがいっぱい満ちています。リムナタラ農場の納屋には、入りきれないほどの人が集まりました。見慣れた顔、見知らぬ顔、赤ん坊、お年寄り…どの顔も笑っています。

ライアーとリコーダーの演奏を聴き、歌を歌い、お話を聞き、人形劇を見、卵を探し、クラフトをし…そしてお昼ご飯をいただいた後、子どもたちは外でおもいっきり遊びました。大人も太鼓《たいこ》を叩《たた》き、歌い、踊りました。犬は駆け回りました。

たくさん汗をかいた後…みんな温泉に行ったのでしょうか？

大人たちは復活祭の前夜、ルドルフ・シュタイナーの書を読みました。そして、共にキリストの復活を体験しました。宇宙と地球、そして全人類にとって、キリストの復活の意味を深く考えるとき、遙《はる》か彼方から続いている過ぎた道と、この先につづく遙かに遠い道が思われます。

4月16日

1月27日以来、パレスティナの女性による自爆テロがつづいています。心が痛むばかりです。人はどんなとき、自らの生命を絶つことを決めるのでしょう？

メッセージ ＿＿＿＿＿＿＿＿＿＿＿＿＿＿＿＿

長い人生の道のりを歩いてきた間に、「死にたい！」と思ったことはわたしにも幾度もありました。思い返すと、それはいつでも…希望の光を見失ったとき…でした。

パレスティナの人々も、長い長い紛争がつづき、家を焼かれ、生活を破壊され、家族、友人、知人を失い…希望の光を見失ってしまったに違いありません。傷つけ、脅《おど》し、破壊し、殺し、貶（おとし）め合うことは、もう止めなければなりません。人が紛争の中で生まれ、紛争の中で育ち、紛争の中で死んでゆくことがあってはなりません。

難民キャンプで暮らしているパレスティナの若い父親が言っていました。

「この子を見ていると、希望が湧きます。この子を学校へ通わせ、立派に育てることがわたしの役目です。そうすればこの子はきっと平和な世界をつくるに違いありません」

父親の瞳から温かで穏やかな思いがあふれ出ていました。そして、熱い思いが小さな子どもに注がれていました。生まれたばかりのその子どもが学校へ通う歳になる頃には、パレスティナには平和が訪れているでしょうか？　そして、この子どもは友だちと一緒に学校で学ぶことができるでしょうか？

それを実現させることはわたしたち一人ひとりの在り方にかかっているのですね。

4月18、19日

伊達市内にある小学校と中学校を訪ねて、校長先生や教頭先生にお目にかかることにしました。以前にも書きましたが、「シュタイナーいずみの学校」で勉強している子どもたちは、みんな地域の学校に学籍を持っています。担任の先生方が子どもたちのために靴箱や机を用意してくださっているとお聞きして以来わたしは、先方に出向いて、是非、お話を伺いたいと考えていました。「NPO法人ひびきの村　フリースクール　シュタイナーいずみの学校」と印刷された新しい名刺を持って出掛けました。

ご自身の教育観を確信を持って話される方、新しい校舎を案内してくださる方、わたしたちの仕事に苦言を呈する方、時間いっぱい世間話をされる方…いろいろでした。

お目にかかることができて本当に良かったと思います。これまで校長会や教育委員会が主催してくださった会では、皆さまの公人としてのことばだけを聞いてきました。が、今度は一人の人間として、また教師として、それぞれの方がどんなことを考え、感じ、そしてこれまでどんなことをされてきたのか…伺うことができました。お訊《たず》ねくださった方には、わたしの話も聞いていただきました。

…担任をしていた25年の間に、わたしのクラスには5人の不登校児がいましてね。考えられる限りのことをしました。学校に来られないのならせめて一緒に遊ぼうと思いましてね、放課後や休みの日には彼らを誘って公園に行きました。キャッチボールをするうちに、いつの間にか心も行ったり来たりできるようになって…学校に戻って来た子どももいました。

でも、2人はわたしが担任をしている間には、とうとう戻ってきませんでしたね。わたしは教師としてできることをすべてしたのだろうか？　まだできることがあったのじゃないだろうか？　と今でもその子どもたちのことを考えることがあります。彼らはもう、二十歳を過ぎているでしょう…

心に沁《し》みるお話でした。温かく、誠実なお人柄が伝わってきました。「素晴らしいことをなさっていますね。是非、あなた方の理想を遂げてください」と言われたことばの響きが、今もわたしの胸に残っています。

4月20日

「シュタイナーいずみの学校」の子どもたちが放課後を過ごすための「学童保育」が始められました。

メッセージ ＿＿＿＿＿＿＿＿＿＿＿＿＿＿＿＿

「学校を運営するお金がないのなら、働いたらいいんじゃないですか？　皆さんはどうして働かないのですか？」と稲生有世（いのうありよ）さんは話されました。入学式の2日前に、静岡から引っ越して来られた方です。

「あなたすごいわねえ。本当のことをちゃんと言えるのねえ」と言うわたしに、彼女は笑いながら答えました。「だってわたし、本当に分からなかったんですもの」…って。

「『子どもを見てくれる人がいないので働けないんです』っておっしゃるから、『じゃあ、わたしが預かりましょう』って言っただけ。当たり前のことでしょう？」

引っ越し荷物も片づいていない有世さんのお宅に翌日から、ぞろぞろと子どもたちが集まってきました。引っ越してきたばかりなので、近所の人たちはどの子どもが有世さんの子どもか分からず、目を白黒させているそうです。

有世さんの家の庭つづきには小川が流れています。子どもたちは毎日遊ぶ前に、河原や草原のゴミ拾いをしているそうです。これも有世さんが号令をかけているのでしょう。

真にありがたい人がやってきました。

4月29日

重い腰をあげて、アメリカがようやくパレスティナとイスラエルの紛争の仲介に乗り出しました。これまでアメリカが積極的に動き出さなかったのは、それをすると「テロリストを壊滅する」という理由でアフガニスタンを爆撃し、フィリピンに派兵し、またイラクを攻撃しようとしている自らの在り方を正当化することができなくなると考えたためだったのでしょう。

ブッシュ大統領の閣僚の中で、もっとも穏健派と呼ばれているパウエル国務長官が調停を始めました。パレスティナとイスラエルの指導者が、小さなことに拘（こだわ）らず、真に人々が平和に暮らすことだけを願って話し合い、双方の合意が達せられるよう祈ってやみません。

4月29日

「ほんの木」出版社の柴田さんが東京から打ち合わせをするためにお出でくださいました。この機会にと、「ひびきの村」の各部門の広報を担当する者が集まって、柴田さんにお話を伺うことにしました。

「どうして宣伝する必要があるのですか？　何のために宣伝するのですか？」…ほんとう！　何のためにするんでしょうねえ？　さしずめ、アメリカ人なら「Good question!」と叫ぶでしょう。「学校はお金がなくて困っているって言っているのだから、これ以上入学したいっていう子どもが来たら断ればいいんじゃないですか？　これ以上先生を増やしてもお給料が払えないんでしょう？　宣伝する必要はないんじゃありませんか？」と訊《たず》ねた人がいました。

「わたしたちは、わたしたちの子どもたちがみんな喜んで学校に通っている、ということを知っていますね。けれど世の中には学校へ行くことができない子どもがいるということも知っています。苛(いじ)められるから、勉強についていけないから、厳しい校則がいやだから…いろいろな理由でね。わたしはね、世界中の子どもたちが、学校へ行くことが楽しくて楽しくて堪《たま》らない！　って思えるようにしたいのです。そして、その子の親がそう望むのならどんな子どもにも『いずみの学校』へ来てもらいたいと考えています。そのためにもわたしたちがここでこうして共に生きている、共に働いていることを必要な方々に知っていただくことは、大変重要なことだと、わたしは確信しています」…共に願い、共に力を尽くしたら必要なことは必ず実現する…ということを多くの人が確信し、希望

メッセージ ＿＿＿＿＿＿＿＿＿＿＿＿＿＿＿＿

をもって生きることができるようになるためにも…。
あなたの考えも確かに一つの方法ですね。けれどそれは、わたしたちが持っているすべてのものをなげうって、それでもできないとき…最後に残された道だとわたしは思うのですよ。

4月30日

「ひびきの村・つうしん」を発行するための仕事が本格的に始められました。以前、出版の仕事に携《たずさ》わったことのあるNAAの受講者、水島好（よしみ）さんが「広報」担当としてスタッフに加わりました。彼女のはじめての仕事なので、編集にはわたしも参加することにしました。

ひさしぶりに夜中を過ぎるまで事務所で働きました。「つうしん」の構成を大きく変えたので、その分仕事の進行が遅くなります。少しでも以前のものより読みやすいように、分かりやすいように、皆さまに喜んでいただけるように…そう願って編集しました。同時に発送する予定の「サマープログラム」のスケジュールを作る仕事も重なり、半徹夜が4晩つづきました。

だれに約束した訳ではありません。が、予定していた発行日を守ることは、スタッフの中では暗黙の鉄則となっています。NAA、NAAY、TTを受講している20代の若い男性は徹夜で印刷をしてくれました。19歳の女の子は二人で挿《さ》し絵を描いてくれました。パソコンを操作できる人は校正をしてくれました。10人以上の人がいっせいにコンピューターに向かっている姿は壮観でした。

刷り上がると、「ひびきの村」の住人が総動員され、子どもも大人も一緒になって…折り、封筒に入れ、糊《のり》付けする…作業をしました。ゴールデンウイークを家で過ごしていた子どもたちは、先生や友だちと一緒に仕事ができることを心から喜んでいるようでした。お父さん、お母さん方の間では話が弾《はず》んでいるようでした。

「共同体っていいなあ…」何人もの人の口からそんな呟《つぶや》きが聞こえてきました。

5月8日

自分が生まれた国を、生命を賭《か》けても逃げ出したい…という事情は何なのでしょう？

自由を求めて？　職業を求めて？　それとも食べ物？　暮らす家？…北朝鮮から国境を越えて中国に入り、10年もの長い年月を亡命する機会を待ちながら暮らしていたという一家5人が、中国の瀋陽《しんよう》にある日本領事館に逃げ込もうとしました。詰《つ》め所から駆け付けてきた中国の警察官に門をくぐったところで引き戻され、取り押さえられようとしている母親と祖母…呆然《ぼうぜん》と立ちすくむ3歳の女の子の目に、その光景はどんなふうに映っていたでしょうか？

この子が大きくなる頃には、そんなことが決してない世界にしなくては…。

助けを求める人を見捨てて法を守るのか？　法を犯しても人を助けるのか？…ヴェトナムが戦場にされていたとき、銃を捨てると決めたアメリカ兵を匿（かくま）い、逃がしている人たちが日本にもいました。そのとき突きつけられた問に、わたしはまだ答えていませんでした。

5月8日

ユース・コンファレンス（若者の会）が始まります。人智学に関わりながら生きていこうとする「ひびきの村」の若者たちが主催します。

大村次郎が2年前に「ひびきの村」で暮らし始めたときから持ちつづけていた夢です。昨年の10月に、彼はスイスのドルナッハで行われた若者の会議に参加しました。その会議には世界中から若者たちが集まっていました。みんなが悩みや問を抱えていました。そしてなお、「世界に働きかけたい」という強い衝動を持っていました。日本の若者たちを集めよう！　そしてみんなで話し合おう！　若

メッセージ ________________

しみも悲しみも…そして歓びや希望を…。

「ひびきの村」で若者の集まりを持ちたいという彼の夢は、日に日に揺《ゆ》るぎないものとなってゆきました。そして2002年の5月に会を持つ…と彼は決めました。

…決めると力が結集する…ということが、今度も実現しました。今年4月に「自然と芸術と人智学を学ぶプログラム」（NAA）、「若者のためのプログラム」（NAAY）、そして「シュタイナー学校教員養成プログラム」（TT）に、若者が例年になく集まりました。皆、20代はじめの初々（ういうい）しい人たちです。次郎は早速彼らに呼びかけました。

一人の力だけでは何も変わらない。
けれど、すべては一人の衝動から始まる

ということばに惹《ひ》かれて集まった若者たちの心と身体が動き始めました。
14人の若者たちが中心になって動きました。それぞれが自らの役割を決めました。スケジュール、パンフレット、ポスター、呼びかけ文が作られ、次々と全国へ発送されました。会で話し合うテーマが決められ、コーラスグループが結成され、食事のメニューが決まり、今「ひびきの村」に若者のエネルギーが音を立てて動いています。

5月9日

スイスのドルナッハから、エリザベス・ヴィルシングさんがいらっしゃいました。スイスのドルナッハにあるゲーテアヌム（人智学協会の本部）のユース・セクションのリーダーです。

「ひびきの村」でユース・コンファレンスを開くことを知らせると、彼女から直ぐに「出席します」という連絡が来ました。次郎はとても喜んでいます。「エリザベスさんてどんな人なの?」と聞くと、「いつも若い人たちの話を黙って聞いていたよ」次郎がそう答えました。

物静かで、穏やかで…けれど、必要とされるところでは、はっきりと確信を持って話をする…彼女からたくさんのことを学びました。

「わたしが『シュタイナー学校の教員養成ゼミナール』で勉強していた最後の年に、…オスロでシュタイナー学校を始めるから1年生の担任をして欲しい…と頼まれたの。でも、わたしはそのことをだれにも話さなかったのよ。だって、話したらきっとゼミナールを出たばかりで経験のない者が!って言われるのが分かっていたから…。新しいことを始めるとき、必ず反対する人がいるわね。決まりや伝統や習慣を振りかざして…わたしはいつでもそういう権威と闘ってきたのよ。いま、ユース・セクションの仕事をしているのもそのためだと思うわ。若い人が古い権威に負けないよう、思う存分したいことができるよう、わたしは助けたいの」

「徹底的に権威と闘う」と言い切るエリザベスの反骨精神は、いったいどこで育てられたのでしょうか? ノルウエーの小さな島に生まれ育ったという彼女は、日本の北の海に浮かぶ北海道にことのほか親しみを感じたようでした。

5月10~12日

ユース・コンファレンスが始まりました。30人近い参加者が集まりました。

スケジュールを見せてもらったとき、わたしは「?」と思いました。なぜなら、『会話』とだけ書かれているセッションが5つもあるのです。「何回も、何時間もかけて話し合いました。そして話し合

メッセージ ____________________

うテーマは決めないことにしました。だって、参加する人たちがどんな問題や課題を持ってくるか分からないでしょう？　わたしたちが決めてしまったら、みんなが話したいことが話せないかも知れない、って思ったんです。みんなが思っていることや考えていることを、好きなように話せたらいいな、って思っています。話し合うとき時に守るルールは二つあります。他の人が話しているときは、絶対に口を挟《はさ》まないこと。人の意見に対して批判をしないこと、批評もしないこと（意見を言わない）。この二つのことさえ守ったら、何を話してもいいんです」

…ああ、そうなんだ！　もう、心配しないでみんな委（まか）せたらいいんだ！…わたしは心にそう決めて、一切（いっさい）関わらないことにしました。…必要なときにはいつでも言ってね。できないことはできるように努力します。そして、できることは勿論なんでもしますから…。

それ以来、今日までわたしは何も相談されることがありませんでした。朝早くから夜遅くまですべてを自分たちの手で準備をすすめている若者達を見て、事務所のスタッフも心配し、「できることない？」「だいじょうぶ？」「人手は足りてるの？」と聞いているようでした。「でもね祐子さん、本当に彼らは手伝ってもらわなくても大丈夫だ、って言うんですよ」感嘆しています。

…スタッフ（若者たち）がプログラム全部に出席するために、食事の支度はＴＴやＮＡＡの受講者にお願いしました。寝袋の足りない分は「いずみの学校」の父母から借りました。車の手配もしました。焚《た》き火に使う薪《まき》も用意しました。オイリュトミーも頼みました…そして当日を迎えました。

『会話』の時間に彼らが話したことは、「死ぬこと」「生きること」「仲間」「世界平和」「愛」「許し」「対立」「争い」「調和」について問いかけ、応え、考え、感じ…セッションが終わった後も真夜中まで、時には明け方まで話し合ったことでしょう。

「ひびきの村」でのわたしの役割が明確に示されたように思います。「わたしの役割は…若者が存分に活動できるように支える…ことなのです。それだけでいいのです。いいえ、それ以上のことをしてはいけないのです。もう新しいことを始める必要はありません。わたしたちがこれまで築いてきたものを、これからは若者が彼らの活動のために使ってくれたらいいのです。

ああ、本当にそのときが訪れたのですね！

「何かしたい！　って思ったときはいつでも『ひびきの村』に来てください。そしてあなたが必要なように使ってください。勿論、人智学の集まりじゃなくたっていいんですよ。あなたの心に生まれた衝動を、形に、色に、力にそして愛に変える…ここをそういう場所として使ってください。皆さんにとって、ここがもっともっと使いやすい場所になるように、わたしは今日からそのために働きます」

5月12日

「ユーコ、素晴らしいわね。知らせるわ、世界中の人に！　ここでこんなことが行われているって！日本の北の島のこんな小さな町で、こんな素晴らしいことが行われているって…ドルナッハの人はだれも知らないわよ」「ええ、そうしてね。そして、それが必要なら世界中の人が来られるようになるといいわね。思いや願いを聴き合い、歓びや悲しみを分かち合い、知恵や考えを出し合って…そうして来たときよりみんな元気になって…帰った所でその元気をみんなに分けてあげて…」「ユーコ、2、3年先にここでインターナショナル・ユース・コンファレンスができると思わない？」「そうね、この勢いだったらみんなが言い出しそうね」「そうなったら、わたしドルナッハで応援するわ。あなたはここで彼らの力になってね」「ええ、そうするわ。楽しみね、本当に！」

燃えさかる火を囲んで、昔アイヌの人が神に捧げたという踊りを踊っている若者たちの姿を追いながら、エリザベスとわたしはそう話したのでした。

メッセージ ____________________

おわりに

皆さま、ありがとうございました。皆さまのことを想うとただただ、感謝の念がわき上がるばかりです。

他の項にも書きましたが、皆さまと共に歩んできた道は、同時に「ひびきの村」が歩んできた道でもありました。この講座でご一緒に学んでいる皆さまがはるばる「ひびきの村」を訪ねてくださり、ワークショップに出てくださり、サマープログラムに参加してくださり…ついには「シュタイナーいずみの学校」に子どもを入学させるために、またTT、NAA、NAAYプログラムに受講するために移住された方もいます。その殆どがこの講座で学ばれている方々でした。

こうして、「ひびきの村」は皆さまに支えられ、皆さまの愛情を注がれ、慈（いつく）しまれて成長してきました。「ひびきの村」に与えられたすべてのものは、わたしにも力を及ぼし…わたしはどれほど多くを皆さまに負うていることか…計り知ることができません。

感謝のみです。

どうぞ、お元気でお暮らしください。いいえ、元気がないときは無理せず、元気がないようにしていてください。皆さまは皆さまでいいのです。そのままのご自分を認めてください。愛してください。敬《うやま》ってください。慈《いつく》しんでください…わたしは皆さまを心から愛し、敬い、大切に思っています。

すべてのことを、ありがとうございました。

TOPICS
今月のトピックス

人類に「精神の進化」を示す「ルドルフ・シュタイナーの歩いた道」

わたしたちの学びの足跡

わたしたちは親として子どもたちを「より良く育てたい」と望み、また同時に人間として自分自身が「より良く生きたい」と強く願っていました。そんなわたしたちは幸いなことに縁をいただいて出会い、この3年間、共に学んできました。

1年目には「シュタイナー教育」を基に…子どもと教育…の問題について考えました。2年目には「シュタイナー教育が目指すこと」を…わたしたち大人の生き方の問題…と考えて学びました。3年目の今期は、「教育と社会」の関わりを考えながら、学びと実践を通して、わたしたちはどのように社会と関わりを持つことができるのか、またそれがどのように社会の在り方を変えうる力となるのか、ということを考えてきました。

1998年8月、わたしは11年間暮らしたアメリカから帰ってきました。そして、「ひびきの村」で仕事を始めました。それから1年も経たないうちに「ほんの木」出版社のお力添えをいただいて、この「シュタイナー教育に学ぶ通信講座」を始めることができました。1999年6月に第1期1号を発行し、以来、2ヶ月ごとに皆さまにブックレットをお送りし、ご一緒に学んできました。

始める前には「2～300人の方が会員になってくだされぱいいですね」と編集者の柴田敬三さんと話し合いました。はじめての試みを前にして、わたしは先が見えない道を歩き始めるときにも似た、不安と不確かさを抱えていました。

始めてみると、見る間に会員の数が増え、1年目を終わる頃には数千人の方々が読んでくださるようになりました。

それもこれも、ご一緒に学んできた皆さまのお力に依るものでした。皆さまがご友人やお知り合いにこのブックレットを紹介してくださり、また奨《すす》めてくださったからです。勿論、「ほんの木」出版社の皆さまのお力に与（あずか）ったことは言うまでもありません。「ひびきの村」のスタッフや友人たちにも支えられました。それにも増して、「いずみの学校」の子どもたちはいつもわたしに勇気と希望と熱を与えてくれました。こうして多くの方々に支えられながら、この3年の間、わたしたちはこの「通信講座」で今必要なことを学んできました。

1999年秋、わたしたちは「ひびきの村」で全日制の「シュタイナーいずみの学校」を始めること、そしてわたしは担任になることを決めました。それを伝えると、柴田さんは「うーん」と言って考え込まれました。

柴田さんは初めてお会いしたときにこう言われました。「シュタイナー教育には日本の教育を変える力があると確信しています。そしてまた、大村さんはそれを可能にする力があると思うのです」と…。ですから柴田さんは、わたしが日本に帰ってきたらすぐにも作戦を立てて、日本の教育を変えるための実践を始めようと考えていたのでした。その一つがこの「通信講座」なのです。

「大村さんが担任をしたら、『ひびきの村』からなかなか抜けられなくなりますね。…日本全国をくまなく回って、同じ考えを持つ人たちと一緒に活動を始めてはどうか…というのがわたしの考えだったのですが…」と言われました。

わたしたちにシュタイナー学校を始めることを促し、わたしに担任になることを決意させたのは当時6年生だった奥田岳史くんでした。「日本でシュタイナー学校を始める。そして共に生き、共に学ぶ」…生まれる前に、彼とわたしは固く約束をしたのでした。わたしたちはようやく会うことができました。「今を逃しては約束を果たす機会を失ってしまう」…柴田さんが危惧《きぐ》されたことを深く受け止めながら、それでもわたしは岳史君の担任になることを選びました。

それから2年半…短い時間ではありましたが、教師として体験したすべてのことが意味深いものでした。すべてのことが輝いていました。その光はわたしだけではなく、学校に関わる多くの人々を明るく照らしました。こうして精神界から送られてくる熱と光と愛はわたしたちを包み込み、わたしたちを励まし、勇気づけてくれたのです。わたしたちは互いに…感謝し、愛し、務めを果たしながら…今日まで仕事をつづけることができました。

「シュタイナーいずみの学校」に届けられた熱と光と愛は、「ひびきの村」とその周辺の人たちにも及び、「ひびきの村」は大いなる恵みが溢《あふ》れる所となりました。

わたしはこの間《かん》に「ひびきの村」で起きたこと、「ひびきの村」の周《まわ》りで起きたこと、「ひびきの村」で働く人、学ぶ人、それを助ける人…すべてをこのブックレットで皆さまにお伝えし、皆さまと共有してきました。ですから、「通信講座」は、いわばわたしが仲間と共に学び、働いてきた足跡とも言えます。

シュタイナー学校を始めるためには、三つの力が必要であるとわたしは考えていました。

一つは「いずみの学校」のすべての基盤となる「シュタイナー思想」をわたしたち自身が生きることです。わたしたちが「シュタイナー教育」の実践を目指す限り、わたしたち自身が「シュタイナーの思想」を生きることは不可欠であり、それは第一に満たさなければならない条件でもあるでしょう。そのためには、「シュタイナーの思想」つまり「人智学」をわたしたちがしっかり学ぶことが必要でした。

が、それと同時に「シュタイナーの思想」を日本中に広げることもまた重要なことでした。なぜなら、「人智学」を生きようとする人が多くなるにつれて土壌が豊かになり、「ひびきの村」で行われる「シュタイナー教育」が地中に広く深く根を張って、水分と栄養素を吸収することができるようになるからです。そしてやがて幹が伸び、枝が広がり、葉が茂ったとき、その「シュタイナー教育」という樹木が、皆さまの生命を支える力となるに違いありません。

こうして「通信講座」を通して皆さまと関わりを持ち、その関わりを大切に育てることができたことは実にありがたく幸いなことでした。皆さまこそが、日本の「シュタイナー教育」を成長させるための大きな力となってくださったのです。

二つ目は、学校の経済的な基盤をつくること…公的な援助を期待できないわたしたちは、自分たちの力だけで「いずみの学校」を運営してゆかなければなりません。いくら小さな学校とはいえ、父母たちの経済力だけで学校を支えきれないことは明らかです。それを解決するためには、「ひびきの村」の活動の中に経済の仕組みを取り入れることが必要でした。

そこでわたしたちは「えみりーの庭」という、手工芸品やシュタイナー幼稚園やシュタイナー学校で使われている教材を通信販売する事業を立ち上げました。この5月には、伊達市のメインストリートに念願の店舗も開きます。

その他に、サマープログラムをはじめ、さまざまなワークショップ、大人のためのプログラムを受講される皆さまにお支払いいただく受講料が、「いずみの学校」の運営を支えてくれています。ありがたいことです。

三つ目は教師を育てること…日本には「シュタイナー学校」の教師を養成する機関がありません。もっとも、シュタイナー学校も日本にはまだ全日制は三校しかないのですから、教員を養成することまで手が回らないというのが実状でしょう。

これからますます子どもが増えるであろう「いずみの学校」のためにも、日本の各地でシュタイナー学校を始めようと考えている方々のためにも、教員を養成することは急務であると、わたしは考えました。そして2001年4月に、日本ではじめての通年の「シュタイナー学校の教員養成プログラム」を始めました。

2002年3月には9人がプログラムを修了しました。2002年4月からは18人の受講生が勉強を始めました。今彼らは「ひびきの村」で行われるさまざまな活動に参加し、体験を積みながら学んでいます。

皆さまと「通信講座」で学んでゆくうちに、日本では学校としては認められない教育活動を行っている「シュタイナーいずみの学校」を支える三つの条件が、こうして次々に整えられていきました。その経緯を、わたしはどんな小さなことも洩《も》らさず、皆さまにお伝えしてきました。その間《かん》も、ただわたしから一方的に情報を伝えている…と感じたことは一度もありませんでした。形は…わたしが書いたものを皆さまに読んでいただく…というものではありましたが、わたしはいつでも皆さまと共に生き、皆さまと共に働き、すべてのことを皆さまと体験したように感じていました。それについては不思議なほど強い確信を持っていたのです。

皆さまと共に生きている、皆さまと共に励んでいる、皆さまと共に歩んでいる、というその確信がわたしの支えとなり、仲間の力となって、「ひびきの村」は目を見張るほど大きく、たくましく成長してきたのでした。

真（まこと）に真にありがたいことです。

ルドルフ・シュタイナーに導かれて

こうして3年の間、この「ブックレット」を皆さまにお届けするために、わたしは2ヶ月ごとに原稿を書いてきました。柴田さんはいつも「大村さんが書きたいこと、書く必要があると思うこと…なんでも書いてください」とおっしゃってくださいました。ですから毎号、内容について打ち合わせをすることはほとんどありませんでした。それほどまでに、柴田さんはわたしを信頼してくださったのです。

世界で起きていることに心を向けていると、皆さまとご一緒に考えたいこと、皆さまのお考えを聞かせていただきたいこと、皆さまと話をしたいこと…がわたしの目の前にはいつで堆（うずたか）く積まれていました。「書くことがない」…と困ることはありませんでした。それどころか、「書きたいこと」が山のようにあって、選ぶのに苦労しました。いつもいつも皆さまとご一緒に学び、考えたいことが次々と起こり、書いても書いても書き尽くすことができませんでした。

1年目にスタートするとき、「大村さん、70ページくらいでお願いします。読者の方々もあまり量が多いと読み切れないと思いますから」と柴田さんが言われました。70ページ…書けるだろうか？そんなに書くことがあるだろうか？……書き始める前にはその数字を思うだけで眩暈（めまい）がしそうでした。けれど、今も書きましたように、皆さまとご一緒に学び始めたときからわたしの内から、熱い思いが堰《せき》を切ったように後から後から湧いて出てくるのでした。

第1期の2号では70ページが80ページになっていました。3号では90ページになり、そして第3期に入ると100ページはおろか、とうとう150ページもの厚さになってしまいました。「印刷コストを考えると、痛し痒（かゆ）しですねえ」と苦笑いをされながら、柴田さんはそれでも「大村さんが書きたいように、書きたいだけ…」という基本的な考えを変えずにいてくださいました。さすがに200ページにもなろうとしたときにはストップがかかりましたが…。

こうして3年が経ち、わたしが今一番想うことは…「わたし」が皆さまに向かって書きつづけた形ではありましたが、いちばん勉強させてもらったのは、結局「わたし」だったのだ、もっとも学ぶことを必要としていたのは「わたし」だったのだ…ということです。

以前、ルドルフ・シュタイナー・カレッジで仕事をしていたときもそうでした。…自然と芸術をとおして人智学を体験的に学ぶことができる、日本人のためのプログラム…をつくり、コーディネーターとして、また教師として、わたしは教える立場ではありましたが、あの7年間に、もっとも多くを学ばせてもらったのは、紛《まぎ》れもない「わたし」だったのだという実感を、わたしは今でも強く持っているのです。

この「通信講座」のおかげで、わたしは勉強する機会を与えられ、書かせていただき、その上報酬までもいただきました。そして皆さまと出会い、皆さまと共に学び、皆さまに励まされ、その上たくさんの方々が喜んでくださいました。ありがたいことです。

こうして過ごした3年の間に、わたしの外側ではたくさんのことが変化しました。と同時に、わた

今月のトピックス ______

しの内側にも多くの変化が生まれました。中でも、ルドルフ・シュタイナーとわたしの関わりがより深く、より強くなり、わたしはシュタイナーをより身近な人と感じるようになりました。

20年前、はじめて彼の思想に出会ったとき、わたしは「なんてスゴイ人なのだろう。同じ人間とは思えない」…と、遠くから、畏《おそ》れつつ崇拝《すうはい》していたのでした。そのころ、「人としてのシュタイナー」を想うことなど考えも及びませんでした。シュタイナーを遠い遠いひとだと感じていました。

けれど、この3年間、彼の世界観を学ぶことによって、わたしは世界に対する真の認識を獲得し、彼の人間観を学ぶことによって、人間に対する真の認識を得ることができるようになりました。彼が示す「世界と人間に対する真の認識」を自分のものとすることができるようになったということは、いわば彼とそれを共有しているということでもあります。同じ認識を共有することによって、わたしは次第にシュタイナーに人間としての親しみを感じるようになったのでした。

そして、いつの間にか、原稿を書く前に、わたしはいつでも彼と対話をするようになっていました。わたしのもっとも身近な人となったシュタイナーに向かって、わたしは話しました。

…あなたが一生を賭《か》け、超感覚によって獲得した世界観と人間観を、わたしは学んできました。そして今もこれから後も、その世界観と人間観を自らの認識とすることを目指して努めてゆきます。なぜならその認識が、わたしがこの地上で生きている目的、すなわち「精神の進化」を遂げるための力となることを、強く確信しているからなのです。

あなたの世界認識と人間認識を今、わたしたちは「人智学・精神科学」として学んでいます。それを学ぶことによって、ありがたいことにわたしは真の世界認識を獲得することができつつあります。それはあなたの著書を読み、先人の講義を聞くことによって「知った」ことではなく、すべてはわたし自身が感じ、考え、行ったことによって得たものであります。

体験に基づいたこの世界認識と人間認識を、多くの人に伝えることが、わたしに与えられた使命だと考え、この「通信講座」を始めました。

このブックレットを読んでくださっている方々は、「生きること」「使命を果たすこと」を真剣に考えています。あなたの世界認識と人間認識を彼ら自身の認識とすることによって、彼らは人生の目標である「精神の進化」を遂げることができるに違いありません。

わたしの仕事がそのための力となりますように。わたしが書くすべてのことが、彼らが真の世界認識と人間認識を獲得するための助けとなりますように。彼らが今学ぶために必要なことだけを書くことができますように。真の認識を、正しい方法で伝えることができますように。

どうぞわたしを導いてください。願わくば、あなたの自我を感得《かんとく》し、そしてあなたが獲得した超感覚世界の認識を、わたしの認識とすることができますように。このブックレットを読んでくださる方と共に、それを成し遂げることができますように…。

そしてまた、わたしは一心に祈りました。

「わたしの日常の自我を黙《もく》させたまえ。わたしの内で高次の自我の働きをなさしめたまえ。わたしの内から個人的な望みを消し去り、わたしに世界が必要としていることのみをなさしめたまえ」と…。

それは必死の祈りでした。…シュタイナーがわたしたちに示そうとしたことを、間違いなく伝えることができますように。わたしの個人的な思いや考えで書くことがありませんように。良い原稿を書きたいという望みを捨てることができますように。読んでくださる方が「感じ」「考え」「行為する」ための助けとなりますように。わたしの文章を通して「真理」だけが伝えられますように、そのためにわたしはただただ道具として使っていただけますように…と。

ルドルフ・シュタイナーはそんなわたしの思いに、いつでも応えてくれました。あるときはわたしの行く道に光を当ててくれました。あるときはあつい熱を送ってくれました。またあるときは必要な知恵を授けてくれました。そんなとき、わたしはいつでも世界と人類に向けられる、彼の深い愛を感じずにはいられませんでした。

ルドルフ・シュタイナーってだれ？

こうして、思いや祈りや瞑想《めいそう》の中でシュタイナーを感じ、彼と話をしているうちに、わたしにとって彼はもっとも身近な「精神的存在」となりました。いつでも「シュタイナーはわたしの内に在る」と確信するようになりました。そしてある日わたしは気がつきました。…わたしは彼がどんな人生を送ったのか、まったく知らない！…と。そして彼に問いかけました。「あなたはだれ？」…。

シュタイナーはどのような家庭に生まれたのだろう？　そしてどのような両親に育てられたのだろう？　兄弟姉妹はいたのだろうか？　大家族だったのだろうか？　幼いころ、シュタイナーが好きだったことは何だったのだろう？　学校で、彼はどのような生徒だったのだろう？　どんな科目が好きだったのかな？　親友はいたのだろうか？

彼が目に見えない世界に興味を持ったきっかけは、いったい何だったのだろう？　彼は超感覚をどのようにして獲得したのだろうか？　彼にはグル（道師）がいたのだろうか？　シュタイナーとゲーテが出会ったのは、どんなきっかけだったのだろうか？

学問の世界で業績をあげ、認められていたにもかかわらず、非難され、黙殺されることを覚悟しながらまで、彼を「精神世界」へ向かわせた力は何だったのだろう？　彼はその大きな決断をどのようにして下したのだろうか？　10年の歳月とエネルギーをかけ、叡知と多くの人の力を結集して完成させたゲーテアヌムが焼け落ちたとき、彼の心はどんなだっただろう？　それでもその翌朝、彼は予定していた講義を行ったと聞いたけれど、彼の心の内はどんなだっただろうか？

彼が設立した「人智学協会」の内部では、始終対立や争いがあったと聞いているけれど、彼はそのことをどのように考え、どのように対応していたのだろうか？　一度はそこから離れようと決意したと聞いているけれど、その彼を震《ふる》い立たせ、留まらせた力は何だったのだろうか？

40歳を超えたころから、シュタイナーは徹底的に他者に帰依する生き方を始めたと聞いているけれど、そのとき彼の内にどんな衝動が生まれたのだろうか？　それはどうしてなのだろう？　生まれ変わり死に変わりしながらも、彼を貫いて存在する彼のIndividuality（個性、人格）とはどのようなものなのだろう？　生まれる前に決めてきたすべての仕事を、彼は全（まっと）うしたのだろうか？　亡くなる1年前に行った「クリスマス会議」で、彼が話したことの深い意味は何だったのだろう？　もう一度、読んでみたい…。

そうして、わたしは彼の生い立ちについて書かれているさまざまな本を読みました。彼自身が書いた「自伝」も読みました。彼は実に興味深い人生を生きた人でした。

3年間ご一緒に学んできた皆さまに、わたしはそれをお伝えしたいと考えました。今回はごく簡単にしか書くことしかできませんが、「ルドルフ・シュタイナーの人間像」を、皆さまの内に是非つくっていただきたいと願っています。

彼がどんな所で、どんな人と暮らし、どんなことを感じ、どんなことを考えていたのか…知ることができたら、皆さまもきっと…シュタイナーがいつの時代にもわたしたちと共に生き、共に働いている…ということが感じられるに違いありません。そのことによって、これまでむずかしいと感じていた彼の世界観が、皆さまの前により明らかにされるに違いありません。

彼はどのような人生を送ったのか…それを知った後には、皆さまの内に、きっと彼に対する「愛」が生まれるでしょう。その「愛」が、超感覚によってシュタイナーが獲得した世界認識を、あなたの認識にするための力となるでしょう。わたしの体験がそう語っています。

シュタイナーの生い立ち　小学生時代

ルドルフ・シュタイナーは1861年2月27日に生まれました。生まれたのはクラリエヴェックというバルカン半島にある小さな村でした。当時そこはオーストリア帝国領でしたが、今はクロアチア共和国の領土になっています。

父は鉄道の無線技師をしており、母は家庭を上手にきりもりする人でした。後に妹と弟が生まれました。家族は地方を転々と転勤する父に従って移り住みましたが、どの場所からもアルプス山脈が望まれ、彼は素晴らしい自然の中で成長しました。

シュタイナーは幼い頃から霊的に優れた力を持っていました。そして「現実の世界」と「精神の世界」は一つであると確信していました。そして成長するにつれ彼は、「現実の世界」を唯一だと考えている人たちの世界と、自分に見えている世界が違うということに気付くようになりました。

ある日、彼が駅舎にいると、ドアが開いて見たことのない女性が現れました。その人はシュタイナーに向って「わたしをずっと想っていてね」と言うと、またドアの向こうに消えてしまいました。後に、まったく同じ時刻に、父親の遠縁の女性が亡くなったということを聞きました。シュタイナーは彼女に会ったことはありませんでしたが、駅舎に現れた女性がその当人だったということは直ぐに分かりました。

シュタイナーが10歳のとき、学校に若い補助教員が赴任《ふにん》してきました。…彼によってわたしの人生の方向が定められた…とシュタイナーは後に述懐しています。その補助教員は芸術を愛し、芸術を嗜（たしな）む人でした。シュタイナーは彼が奏《かな》でるピアノやヴァイオリンの音に耳を傾け、彼が教えてくれた木炭画を心から楽しむようになりました。こうしてその補助教員は、シュタイナーの人生に芸術的な局面を拓《ひら》いてくれたのです。

小学生のころ、シュタイナーの人生に大きな影響を与えたものがもう一つあります。それは彼が生まれてはじめて出会った「幾何学」です。シュタイナーがもっとも魅了された「幾何学」について、彼はこんなふうに述懐しています。

…外的感覚の影響を受けずに、純粋に内面的に直感された形態を、心の中で形成することができるという経験は、わたしに非常な満足をもたらした。この経験によって、それまで問題が解けぬことから生じていたわたしの孤独感が癒（いや）されるのを感じた。心の中で純粋に事物を把握できること、このことがわたしに内面的な幸福をもたらしたのである。思うにわたしは、幾何学に接することによってはじめて幸福というものを知ったのだ…（「シュタイナー自伝Ⅰ」ルドルフ・シュタイナー著　伊藤勉・中村康二訳　ぱる出版刊）

この経験がシュタイナーにとって、感覚で捉えられる世界と、そうではない世界を結ぶ「認識」への最初の目覚めだったのです。

実業高校へ

小学校を卒業したシュタイナーは、父親の希望通り実業学校へ進みました。（父親はシュタイナーに、彼と同じ鉄道技師になってもらいたいと考えていたのです）そこで、彼は彼の「人間に対する認識」の方向性を決定する体験をしました。その体験は「家庭教師」の仕事をとおして得られたものでした。

シュタイナーは、少ない家計から苦労して、彼の授業料を捻出してくれる母親を助けたいと考えました。そして15歳のときから同級生や下級生に補習授業を始め、その報酬で、授業料を自分の手で払うことができるようになったのです。下級生、ときには同級生のために補習授業をしながら、シュタイナーは人間の意識の状態についてであることに気づきました。それは、…人間の意識には「目覚めた状態」と「眠った状態」がある…ということです。

…自分が学んでいるときは受け身の状態で、まるで夢を見ているようであったこと。それに反して教えているときは、自分の持っている知識を生き生きとしたものに作り変える必要があり、それは目覚めた意識の中でしか行えないということ…に彼は気がついたのでした。

この経験は「一人の人間の内部には、二つの異なる意識状態が存在するということ」と、「他者に教えるためには、自らが他者の内部に目覚めなければならない」ということを彼に示したのでした。この経験が、彼の前に「哲学」と「心理学」への扉を開けてくれたのです。こうして彼の「意識」に対する探求の旅が始りました。

そして、旅の途中で出会った多くの人々が、彼に世界の謎を開示してくれたのでした。コペルニクスの宇宙論を語ってくれた神父との出会い…それはわたしの精神的発展の方向にとって重大な意味を持った…とシュタイナーは言っています。

…わたしの心の奥底まで影響を及ぼすようなできごと…とシュタイナーが言っている、「運動の作用として見た引力」という難解な論文を読み明かそうと努力したこと。

代数、幾何、物理の授業を、際だった整合性と明快さで教えてくれた…シュタイナーが心に思い描いていた「理想」を満たしてくれる一人の教師との出会い。

幾何作図と画報幾何学を担当した卓越した作図を示してくれた…教師との出会い。

さまざまな人との出会いから、その後の彼の人生に大きな影響を与えることになる重要なことを、シュタイナーは学びました。そして、彼らから学んだ知識の背後からは、いつでも、自然現象の謎《なぞ》が立ち現れてくることを感じたシュタイナーは、…思考それ自体が、自然現象の本質に到達することのできる容易な形に形成されるならば、人間は魂の経た霊的体験を把握することができる…という考えに至ったのでした。

薬草採取人

その後、シュタイナーはウイーン工科大学へ入学しました。その頃、彼の家族はウイーンの郊外、インツェルスドルに移り住んでいました。そしてシュタイナーは、大学へ通う列車の中で不思議な老人と知り合うことになります。

その老人は薬草を採取して、それをウイーン市街にある薬局へ売りながら生計を立てている人でした。老人はシュタイナーを野山に誘い、自然の神秘、植物の隠れた霊性について語るのでした。その老人こそが、…内的な体験を自由に話すことができる…シュタイナーが出会ったはじめての人でした。それまでシュタイナーが幾何学や哲学を通じて思考してきたことを、老人は物語の中に登場する精霊として、生き生きと語り、彼は老人との会話を心から楽しんだのです。

今月のトピックス ____________________

…彼は芯《しん》から敬虔《けいけん》な人であった。学校教育という点では彼は無教養だった。彼は多くの神秘学書を読んではいたが、彼の語ることは、そうした読書からはいささかも影響を受けてはいなかった。彼のことばは、極めて根元的で創造的な叡知を備えた精神の流露（るろ）であった。（中略）彼と一緒にいると、自然の神秘の奥処（おく）を窺《うかが》い見ることが可能であった。彼は背中には薬草の束を背負っていた。しかし、心の中には、薬草の採取を通して獲得した、自然の霊性についてのさまざまな認識が秘匿（ひとく）されていた…。（「シュタイナー自伝Ⅰ」ルドルフ・シュタイナー著　伊藤勉・中村康二訳　ぱる出版刊）

シュタイナーは彼の著した「自伝」にその老人をこんなふうに描いています。

これ以降、シュタイナーの人生の中にこの老人は二度と再び登場することはありませんでした。けれど、老人はシュタイナーの魂にとって、親しい人でありつづけたのです。

老人とシュタイナーのやりとりを想像するとき、わたしはいつでも宮沢賢治を思い出します。シュタイナーと宮沢賢治の世界観には共通したものが多くあります。植物や鉱物に惹《ひ》かれた賢治は13歳のころから薬草の採取を始めました。彼の生涯を記したものには、薬草採取の老人のような人物は見当たりません。けれど、賢治の世界を想うとき、彼を導いた存在が確かにいたことをわたしは強く感じます。

シュタイナーが地上にいたのは1861年から1925年の64年間、賢治は1896年から1933年の37年間でした。彼らがこの地上に共にいた時間は29年の間でした。賢治に向って自然の持つ霊性を示した「人」はいったい誰だったのでしょうか？

薬草採取の老人は、その後、シュタイナーを導師に引き合わせたと言われています。そしてこの導師のことばによって、シュタイナーはフィヒテとゲーテを研究することになりました。

エルンストとの出会い

さて、ウイーン大学で学んでいたとき、シュタイナーはシュペヒト家に家庭教師として住み込むことになりました。シュペヒト家の末っ子エルンストは当時10歳でしたが、読むことも書くことも殆《ほとん》どできませんでした。重い水痘症《すいとうしょう》に罹《かか》っていたためです。（水痘症とは、肥大した脳室に髄液《ずいえき》がたまり、そのために頭蓋《ずがい》内の内圧があがって身体への障害や知能の発育不全を起こす病気です）

エルンストは勉強をすると生気をなくし、顔面蒼白《そうはく》となり、頭痛をおこすのが常でした。シュタイナーはエルンストを教育することによって、人間の精神と心と肉体は、互いに深く関わり合っているということに気づいたのでした。それが彼の人間認識の基礎となったのです。シュタイナーはエルンストを美しい野山に連れ出して、自然に親しむように仕向けました。そして自らも遊び、遊びの中で学ぶことを積み重ねていったのでした。

シュタイナーは自伝の中でこう書いています。

…わたしは、自分がこのような環境に投げ込まれたことに対して、運命に感謝せざるを得ない。なぜなら、このような環境にいたからこそ、わたしは生きた方法で、人間本性に関する認識を獲得し得たからである。別の方法をもってしては、このように生き生きした方法でもって人間本性を洞察《どうさつ》することはできなかったであろう…（「シュタイナー自伝Ⅰ」ルドルフ・シュタイナー著　伊藤勉・中村康二訳　ぱる出版刊）

シュタイナーの深い洞察を基にして行われた教育は、エルンストの眠っていた能力を引き出すことに成功し、後にエルンストはギムナジウムを終えた後、大学の医学部に進みました。両親が教育することをまったく諦《あきら》めていた少年は、医者となったのです。

今月のトピックス

エルンストが第一次世界大戦中に従軍医師として働き、病気を罹《わずら》って亡くなったことをシュタイナーが知ったとき、彼はどんなに悲しんだことでしょう。23歳から30歳に至るまで、7年の歳月をかけた彼の努力が、エルンストが人間として生きることを可能にしたのですから…。

シュタイナーの「教育のすべては治療である」ということばの背景には、彼のこうした体験がありました。シュタイナーとエルンストの深い関わりを考えるとき、わたしは真にシュタイナーが目指した教育を実践しているだろうかと自分自身に問わずにはいられません。

ウィーンのサロン

当時、ウィーンに暮らす文化人はサロンに集まり、盛んに交流していました。仲間に慕《した》われ、信望の厚い人を囲んで人が集まり、文学、社会、政治についてさかんに議論をしていたのです。

シュタイナーは当時新進気鋭の女流作家、マリー・オイゲーニェ・デレ・グラティエと知り合い、彼女のサロンに出入りするようになりました。そこには徹底した厭世《えんせい》主義に共鳴する作家や詩人、評論家、ジャーナリスト、聖職者が集まり、毎日毎夜、飽きもせず、人生の悲哀、運命の過酷さ、人間の堕落《だらく》振りなど、人間の悪について話し合っていました。

シュタイナーはどんな気持で彼らが語ることばを聞いていたのでしょうか?

シュタイナーは、彼らの話に真摯《しんし》に耳を傾け、理解しようと努めました。けれど、理解すればするほど厭世主義がはびこる社会に在って、「理想」が語られなければならない、とシュタイナーは確信するに至ったのです。そして、…理想は運命によって破滅させられる…と主張する厭世主義の中には「人間の自由」が存在しないと考えました。

この体験は、シュタイナーに「理想」と「自由」について深く考えるきっかけを与えました。それが後に著すことになる「自由の哲学」の萌芽《ほうが》となったのです。

シュタイナーは彼の人生観の対極にある厭世主義の横行に対して、次のように書いています。

…我々の理想は、陳腐《ちんぷ》で空虚な現実によって満たされるほど浅薄（せんぱく）なものではない。しかし、こうした認識から生ずる、深いペシミズムから脱却する道がないとはわたしは考えない。人間の内面世界に目を向け、我々の理想の世界の本質にいっそう近づいてみる時、わたしにとって、このペシミズムからの脱却は可能になる。我々の理想の世界は、それ自体で完結した世界であり、外界の事物の無常性によって何らかの得失（とくしつ）を被（こうむ）ることはまったくあり得ない。我々の理想は、もしそれが真に溌剌（はつらつ）たる個性を持つものならば、自然の行為や悪意には依存しない、それ自体の本性を有するものなのではないか？…（「シュタイナー自伝Ｉ」ルドルフ・シュタイナー著　伊藤勉・中村康二訳　ぱる出版刊）

こうして第一次世界大戦が始まる前の、社会を覆（おお）っていた破壊的なムードの中で、シュタイナーは一人高く、理想を掲げて語ったのでした。…理想は実現されなければならないものではない。理想は理想を抱いて生きる人によってその意味を持ちうるのだ。砕《くだ》かれても、うち破られても、いつでも理想は理想たり得るのだから…と。

ゲーテを研究する

シュタイナーの人生の軌跡をここまで辿《たど》ってきて、皆さまは「いったいシュタイナーって、どんな風貌（ふうぼう）をしていたのだろう？」とお思いになっているでしょうか？

…小柄で痩《や》せていて、ぼさぼさの髪に金縁眼鏡をかけ、まるで栄養不良の神学生のようだった。彼の生活は現実味がなく、不器用で、何でもないことをよく失敗していた…と、当時の彼の友人の一人が言っています。

自らの内に確実なものを持ちながら、世間に認められない…それでも落胆せず、怯（ひる）むことなく、情熱をもって学び続ける若きシュタイナー…すべてをより確かなものとするまで彼は待たなければなりませんでした。

そして、シュタイナーは人生の次なる段階に足を踏み入れたのです。

29歳のある日、彼の許にワイマールのゲーテ・シラー文庫から、ゲーテ全集の編纂《へんさん》を依頼する旨《むね》の手紙が届きました。それを受けた彼は、ウイーンを後にしてワイマールに向かいました。１８８９年のことでした。以来7年の間、そこでシュタイナーはゲーテの書簡に向き合って暮らし、「自然認識要網」を著したのです。

ゲーテの自然認識とは…

シュタイナーが世界の現象を観照するとき、自分は必ず精神的な体験として、彼の心に立ち現れるといいます。それが彼にとっての世界意識であるのです。その彼の世界意識はゲーテのそれと一致するものだと、著書「ゲーテ的世界観の認識要網」の中でシュタイナーは書いています。

多くの人が、シュタイナーの思想は難解だと言います。シュタイナーの著書をはじめて読んだとき、わたしもそう感じましたけれど、学びつづけているうちに、少しずつではありますが、彼が示す世界観と人間観を理解することができるようになりました。そして、…シュタイナーの思想をもっともっと学びたい、そしてそれを生きたい…と強く願うようになりました。それでも、わたしの前には大きな岩がそそり立っているように感じていました。そして、その岩の向こうに広がっているであろう黎《れい》明《めい》な世界を垣間見ることすらできませんでした。

わたしの前にそそり立つ岩、それは…シュタイナーの思想の核心に触れてはいない、達してもいない…もどかしさでした。彼が洞察した世界の秘密、人間の本質…それは多少なりとも理解できる、けれど、いったいその核にあるものは何なのだろう? 彼は、彼が洞察した世界観と人間観を通して、わたしたちになにを示しているのだろう・ 彼がわたしたちにうながしていることは何なのだろう・…とわたしは悩みました。

ルドルフ・シュタイナー・カレッジで学びはじめて3年目に、わたしは「ゲーテの自然科学」のクラスをとりました。そのクラスで、わたしたちは植物を観察しました。植物が成長するときに辿《たど》る変容を見ました。水を観察して水の持つ特質が分かりました。風の動き、雲の流れを追ってその法則を発見しました。石を採りに行きました。そしてじっと見ました。石の中に秘められている謎が解けました。

…現象がすべてを語る…それこそが、シュタイナーがわたしたちに示していたことだったのです! 自然の現象の中に、すべての謎に対する答があったのです。現象はわたしたちにそのものの法則を示しています。すべての現象はそのものの本質を顕《あら》わしています。それを体験して、わたしはようやく分かりました。…本質とはすなわち、現象として顕れているものの背後にある「精神」(霊)である…ということを。現象こそが、謎に対する答えそのものだったのです。

ゲーテの自然認識とは、…物質をとおして精神界に至る…道であると、わたしは理解しています。つまりそれはわたしたちにとっては、…知覚し、感覚し、思考する…そして精神界に至る認識の道なのです。

ルドルフ・シュタイナーは「ゲーテ的世界観の認識要綱」の中にこう書いています。

…科学者は、物質はそれ自体で完全であると見なし、物質の形の中に姿を顕わしている霊的実在を前にしていることに気がついていない。また、霊は自らを物質に変容させ、それによってはじめて物質界で作用することができるということも、科学者は知らない。たとえば、霊は物質的な脳を通じて自らを表現するが、それは、人間が、概念的認識のプロセスによって自由な自意識を得ることができるようになるためである。人間は脳によって物質から霊を引き出すが、人間が使うこの道具は、それ自体霊が創り出したものなのである…。

こうしてゲーテの世界観の中に自らのそれを見出したシュタイナーは、さらなる確信を持って次の段階に進んだのでした。

36歳に訪れた「心の転機」

シュタイナーの日常生活は、いったいどのようなものだったのでしょう？　皆さまも興味がありますか？

彼は現実の生活に適応することが苦手な人のようでしたよ。中でも彼にとって大変困難なことは「記憶できない」ということだったそうです。皆さまのまわりにも一人やふたり、そういう人がいませんか？　そう、わたしたちが（愛を込めて）「不器用な人…」と呼ぶ…シュタイナーはそういう人だったのかもしれませんね。

食べることにあまり興味を示さない人、かんかんに日が照っていても帽子も被（かむ）らずに平気で外を出歩く人、あちらこちらに物を置き忘れる人、人の名前を決して覚えない人、なんでもない所で蹴躓（けつまず）く人…そういう人を見るとわたしはつい、「まわりで何が起きているのか、分からないのかなあ？」と訝（いぶか）しく思ってしまいます。もしシュタイナーが身近にいたら、ごくごく現実的な在り方をしているわたしは、そんなふうに思っていたでしょうか？

シュタイナー自身は次のように書いています。

…感覚世界を身体的知覚を媒介として捉えるためには、大きな障害が横たわっていた。心的体験を感覚器官に十分に注ぎこむことができないために、感覚器官が体験したことをそのまま心に伝える能力が欠けていた。それはまるで、心的体験を感覚器官に十分に注ぎ込むことができないために、感覚器官が体験したことをそのまま心に伝える能力が、わたしには欠けていたようだった…と。

そして彼はつづけます。

…しかし、36歳を過ぎると、こうした状況が完全に一変してしまった。つまり、身体的世界の事物や現象を厳密に透徹《とうてつ》して観察する能力が形成されてきたのである。学問の分野でも実生活の分野でも、わたしは一段と高まった観察能力を発揮できるようになった…

こうして身体の感覚器官が目覚めたシュタイナーにとって、物質の世界は次第に現実味を増してきたのです。つまり、感覚器官が知覚したことが彼の心に届くようになり、それが彼の心を揺さぶり、彼の心を慰め、喜ばせたのでした。それゆえ、以前には困難だった現実の生活が、彼の心の中で生きしたものになり、それによって現実に適応することが容易（たやす）くなったのでしょう。

子どもの頃から精神の世界に深く分け入り、感覚によって知覚する現実の世界にリアリティーを強く感じていなかったシュタイナーは、こうして36歳にして現実に目覚めたのでした。そして、それによって「現実」と対極に在る「精神」の世界とその存在を、感覚的なものと分けて、より明らかに認識できるようになったのです。

ゲーテによる「世界認識」の方法…植物を観察してその変容を感覚で知覚する、そして、それを認識に変える…によって訓練されたことがシュタイナーの感覚を刺激し、目覚めさせたのだ、と想像するのはわたしだけでしょうか？

シュタイナーはこの体験によって、…思想によって謎《なぞ》が解明されることはない…ということを確信したのでした。…思想は解決へ向けて人を導きはするが、解決そのものを含んでいるわけではない…とシュタイナーは言います。

では、いったい「人生の謎」に対する答えとは、いったいどこにあるのでしょうか?…謎は現実の世界に発生し、現実の世界に現象として存在する。それ故に、その解決も現実の中にある。謎は存在や現象として現実中に姿を現し、それがもう一つの謎の回答となる…とシュタイナーは言っています。

大きな疑問や困難な課題にぶつかったとき、わたしはいつでもシュタイナーのこのことばを思い出します。そして勇気づけられます。…「答え」を探して遠くへ、世界の果てへと旅立つ必要はないのだ。なぜなら答えは「わたし自身の内」にあるのだから…シュタイナーのことばはわたしにそう思い留（とど）まらせてくれます。そして、ともすれば「遠くへ、もっと遠くへ…」と逸（はや）る気持ちを引き戻し、わたしをもう一度わたし自身に立ち返るよう促してくれるのです。

…人間を除いて世界全体が一つの謎であり、これこそが、真の世界の謎なのだ、そして人間自身がその回答である…と言うシュタイナー。

こうして、「知覚によって得られた感覚」を徹底して客観的に観察し、そうすることによってシュタイナーは「感覚」から解放されたのでした。そして、「感覚」から解放されたことによって「自由な思考」をすることが可能となり、その「自由な思考」によって真の「認識」を獲得することができたのです。それは、思考の力を「感覚」による経験の束縛から解き放ち、超感覚的現実を直接「知覚」するところまで高めることによって可能になるというのです。

神智学から人智学へ

「ゲーテ全集」編纂《へんさん》の仕事を終えたシュタイナーは、1897年、ベルリンへ移り、週刊「文芸雑誌」の編集の仕事を始めました。その雑誌は、精神的な生活に関することが広範囲にわたって掲載されているものでしたが、購読者が少いために、売れ行きは甚（はなは）だかんばしくなく、経営状態は惨憺《さんたん》たるものでした。こうした状況の中に在って、シュタイナー自身の経済状態も大変困難なものでした。けれど、当時シュタイナーはそれよりも更に困難な問題を抱えていたのです。

それは、「精神的な困難」でした。つまり、…人類を捉えて離さない「唯物的な思考をさせる力」との戦い…だったのです。…知覚された世界の中に、心によって体験された精神的内容…である世界認識に対して、唯物的な思考は…精神の存在を否定し、物質が唯一とする…考えであり、人類を破滅に追いやる危険なものであると確信したシュタイナーは、そのとき「唯物的な思考」と意識的に戦う決意を固めたのです。それは内的な孤独な戦いでもあり、彼にとって大きな試練でもありました。

シュタイナーはその試練をどのようにして克服したのでしょうか？　彼は、…キリスト存在を精神的な直感によって正しく認識することによって、この「試練の時代」を克服した…と言っています。

キリスト存在の正しい認識とは…キリストがこの地上に誕生したこと、キリストがゴルゴダの丘の上で十字架に掛けられたこと、そして復活したことは、宇宙と人類の進化において大変重要なできごとであった…という認識です。

さて、「神智学協会」は、アメリカの神智学者オルコットとロシアの神智学者ブラバッキーによって1875年に創設されました。当時「神智学協会」が精神的な話ができる唯一の場所であると考え、シュタイナーは協会員になりました。そして、請《こ》われるままにドイツ支部の事務局長となり、会員に向けて多くの講演をしました。けれど、シュタイナーの世界認識と協会の考えとは根本的な違いがあったために、彼らの間には常に緊張と対立がつづいたのでした。そしてついに1913年、シュタイナーは会から除名されました。

除名されたことをきっかけに、シュタイナーは「人智学協会」を設立し、会の指導者として精力的に活動を始めました。このとき「神智学協会」のドイツ支部の多くの会員が、シュタイナーの後を追って「人智学協会」に移ったと聞きます。

「人智学」が目指すものは…認識能力を高めることによって、世界と人間の内にある本質を深く洞察する…ことであり、また…超感覚的世界の認識を、学問によって獲得する…ことでもあります。

わたしたちがこの「通信講座」で繰り返し学んだ「人間の本質」…人間には身体と心（魂）と精神（霊）が備えられている…という認識は、シュタイナーの超感覚によって洞察されたものです。…超感覚の認識…と聞くと「ええっ」とたじろがれる方がいるかもしれません。

けれど、考えてみてください。あなたが「心」と「精神」を持っているということを、あなたはどのようにして分るのですか？　「心」と「精神」は身体のもつ感覚器官では知覚できませんね。

目で見ることができません。耳で聞くことがきでません。手で触ることもできません。舌で味わうこともできません。それなのに、なぜあなたは…人間には「心」と「精神」が具（そな）えられているということが認識できるのでしょう？

そうですね、わたしたちには「超感覚」が具えられているのですね。その「超感覚」が、身体の感覚器官では知覚することができない「心」と「精神」を認識するのですね。「超感覚」はだれにも具えられています。そして、訓練することによってもっともっと発達するものなのです。

人智学が示すものは、…ルドルフ・シュタイナーの「超感覚」によって獲得された世界認識と人間認識を、わたしたちがわたしたち自身の「超感覚」を訓練することによって、自らの「超感覚」の力で自らの認識とする…と、わたしは理解しています。

シュタイナーはこの年、マリー・フォン・ジーフェルスという名の、ロシア生まれの女性と出会いました。マリーは「ヨーロッパで新たな霊的運動を始めるときがきているのではありませんか？」とシュタイナーに問いかけ、その問こそが、シュタイナーに人類の精神的な指導者となることを決意させたと言われています。それから結婚するまでの14年の間、マリーはシュタイナーの最大の協力者として共に活動を続けたのでした。このとき、シュタイナー40歳でした。

この頃、シュタイナーをめぐる賛否は、極端なものでした。多くの人がシュタイナーの深い洞察によって解き明かされる、世界が秘めている数々の謎に対する答えに魅了される一方、神智学協会員による凄《すさ》まじい非難はもとより、生命までも狙《ねら》うナチスによる妨害、そして「神智学協会」内部の対立等々、さまざまな確執を体験しながら、なお彼は沈黙を守っていたのです。けれど、その中に在ってシュタイナーは、「なぜ沈黙を守らなければならないのか？」と自らに問いつづけていたのでした。そしてついに新しい局面を切り拓いて活動を始める決意を固め、自らがその問に答えたのでした。

社会三層構造

さて、シュタイナーが本格的に活動を始めた翌年の1914年、第一次世界大戦が起こりました。シュタイナーは、この大戦が起きた原因を探ろうと努めました。これが彼に政治や経済をはじめとする、さまざまな社会問題を考えるきっかけを与えることになりました。そしてシュタイナーは戦争の原因を…国家の侵略にではなく、国家における政治、経済、および文化・精神の領域が危機的に混然としている…ことにあると洞察したのです。

戦乱の中に在って、シュタイナーはドイツの外相とオーストリアの首相に上申書を送りました。そして「社会三層構造」が「理想の社会」を築く可能性を訴えたのでした。シュタイナーは国が破局に向かっているこのときこそ、人々が目覚めるチャンスだと考えたに違いありません。

けれど、シュタイナーの提言に耳を貸そうとする政治家はいませんでした。そして、1918年、ドイツは無条件降伏したのです。

翌1919年、彼は、混乱し秩序を失った社会に向かって、力強く問いかけたのでした。

…あなた方は自分の思考習慣に従って現実の要求に従おうとする安易な態度に終始するのか。不幸から何も学ばずに、引き起こされたものをさらに引き起こして、無限に不幸を生じさせていくつもりなのか…と。

この声明文は多くの著名人の賛同を得、社会に広がっていきました。そして、社会改革を目指す人々を魅了し、その結果、多くの人々がシュタイナーの許《もと》に集まってきました。彼らに向かってシュタイナーはさらに「社会三層構造」の実現を強く訴えたのでした。

その結果、労働者の中から多くの賛同者が現れました。けれど「社会三層構造」の理念は資本家の利益と対立し、各地で起きた運動は巨大な資本家によって次々とつぶされてしまいました。こうして「社会三層構造」運動は実りを見ないまま挫折してしまったのです。けれど、「社会三層構造」の考えはこの後も長く人々の心に残り、決して消えることはありませんでした。

「社会三層構造」とは、精神の自由…学問、芸術、宗教など文化の領域は、法や経済の領域にその自由性を冒《おか》されてはならない。

法の下の平等…司法、立法、行政は、思想や経済から完全に独立していなければならない。

経済の友愛…流通、生産活動は政治や宗教、信条などによって左右されてはならない。

という考えです。

今、日本は10年以上にわたって不況がつづいています。財界は経済の建て直しを政治に頼り、政治家の関心は経済ばかりに向けられています。今、不況のためにさまざまな問題が起きていると考えられていますが、実はそうではなく、その原因は経済が政治の領域に冒されているという事実こそがその元凶なのです。

教育、福祉、農業、環境問題等々…すべてが自由性と独立性を失って渾然《こんぜん》としています。今、日本で起きている問題の殆《ほとん》どが、「社会三層構造」の考えを実践することによって解決すると、わたしは考えていますが、皆さまはどのようにお考えですか?

学校、病院、農業、芸術、キリスト者共同体

さて、「社会三層構造」運動は挫折してしまいましたが、シュタイナーの訴えは多くの人の心を惹《ひ》きつけ、関心を持ち続けました。

その一人にタバコ会社を経営しているエミール・モルトというドイツ人がいました。彼はシュタイナーに、自分が経営する会社で働く人たちのために講演を依頼しました。シュタイナーの講演を聴いた労働者たちはシュタイナーの話に深く共鳴し、シュタイナーに自分の子どもたちの教育をして欲しいと考えるようになりました。

その依頼を受けて1919年、ドイツのシュツットガルトで、世界ではじめてのシュタイナー学校が始められました。エミール・モルトの献身的な助力を得て開校されたその学校は、彼が経営している会社ヴァルドルフ・アストリアの名をとって「自由ヴァルドルフ学校」と名づけられました。

シュタイナーはそれに先だって教師を志願した人たちのために、2週間のセミナーを開きました。そこでは学校の組織、カリキュラム、教え方などが懇切丁寧《こんせつていねい》に話されました。そのとき行われた講義

は、「教育の基礎としての一般人間学」「方法論と教授法」「演習とカリキュラム」という3冊の本になって残されています。

…ヴァルドルフ学校は、現代の精神生活を確信しようとする本当の文化行為でなければなりません。すべての点において、変革を考えなければなりません。社会運動というものは結局は精神的な事柄に立ち返っていきます。その意味で学校問題も現代にとっても緊急な精神問題の一分野なのです。学校制度に革新的、革命的な働きかけをするために、ヴァルドルフ学校の可能性を最大限に利用しなければなりません。

この文化行為を達成するという課題が、皆さんの手に委ねられているのです。一つの手本を示すことによって文化に働きかけるという課題のために、実に多くの仕事が皆さんの手に委ねられています。この行為を達成することができるかどうかに、実に多くのことがかかっているのです。ヴァルドルフ学校は世界に対する人智学的な態度の社会影響力を実際に証明することになるでしょう。ヴァルドルフ学校は人間の全存在の要求に応える教育をしようと、ただそれだけを願い、その意味でのみ統一学校であろうとしています。すべてがこの目標に従ってなされなければならないのです…。（ルドルフ・シュタイナー著「教育の基礎としての一般人間学」高橋巖訳　筑摩書房刊）

セミナーは、シュタイナーのこういうことばで始められました。ここで話されたことは今でも、シュタイナー学校の教師にとっての必読書となって学ばれています。

その後、シュタイナーは請《こ》われるままに、さまざまな領域で「神智学」の実践方法を示しました。人智学的医療を施す病院、農場を一つの有機体と考えるバイオダイナミック農業、そして美術、音楽、オイリュトミー、言語造形などの芸術、「経済の友愛」を実践する銀行、さらに宗教改革を目指すキリスト者共同体等々…。

賛同し、実践する人々によってシュタイナーの世界認識と人間認識は、暮らしの中に浸透し始めたのでした。

ゲーテアヌムの建設と消失

こうしてシュタイナーの思想が多くの人々の共感を呼び、受け入れられ、つぎつぎと形になってゆく一方、その勢いに驚異を抱く人々もいました。１９２０年から１９２１年にかけて、シュタイナーはヨーロッパ各地をまわって４００以上もの講演をしました。

時にはテロの危機に晒（さら）されたこともありました。けれどそれが予告され、彼自身の内に予感があってもなお、彼は予定を変えることなく出掛けて行ったと言います。…成すべきことを成す…という信念を持って…。

シュタイナーは「魂の共同体」つまり人々が共に学び、芸術活動を行うことができる空間を創ろうと考えました。スイスのバーゼル郊外にあるドルナッハの丘にその建築が始められたのは１９１３年9月のことでした。彼の設計による建物を建てるために、世界17カ国から大勢の人々が集まり、8年もの歳月をかけて完成しました。大きなドームを二つ持つその建物はゲーテアヌムと呼ばれ、人智学活動の拠点となりました。

１９２２年12月31日夜、シュタイナーは大勢の人々に「人間と星の関わり」について話し、頭上に輝く星々を仰ぎながらゲーテアヌムを後にしました。午後10時過ぎ、シュタイナーはゲーテアヌムから出火したという報せを受けました。駆け付けたシュタイナーの目に映ったのは、満天の星の下で真っ黒い煙におおわれたドームでした。それから間もなく火は恐ろしい勢いでドームを駆《か》けめぐり、燃え続け、夜が明けるころにはすべてが灰に化していたのでした。

今月のトピックス ＿＿＿＿＿＿＿＿＿＿＿＿＿＿＿＿

火は悪意を持つ者によって放たれたものであることは間違いありませんでした。

クリスマス会議

「愛する皆さん、わたしたちは皆さんを、この瓦礫（がれき）の山に招待しなければなりませんでした。けれども、1年前の新年の夜に、わたしたちが見たあの恐るべき炎、わたしたちの心を引き裂《さ》きながら天の高みを焦《こ》がしたあの炎は、この20年のわたしたちの歩みのうちに、すでに燃えつづけていたのです。そのことを正しく認識しなければなりません。

そしてその認識から、わたしたちの立っているこの廃墟はマーヤである、幻であるという感覚を、立ち上げていただきたいのです。わたしたちがこの20年の間注ぎ続けてきた創造的な力が、この廃墟をマーヤであると見なす力の中から、ふたたび新たな創造的炎として燃え上がらなければなりません。廃墟を見つめる力の中から、魂の熱を呼び覚ましてください。そしてその熱を通して、どうか時代が真に求めているものを成就しようと欲していただきたいのです。

これからつくっていく運動を、徹底して内面的な作業として行ってください。すべては一人ひとりの心の内でなされるのでなければなりません。わたしたちが語り、またともに聞くときに、互いの心臓の血が共鳴して脈打つようになっていただきたいのです。わたしが皆さんをここにお呼びしたのは、心臓の協調を思い起こしていただきたいという願いからなのです。（「クリスマス会議開会のための講演」笠井叡《あきら》訳）

1923年12月24日、ルドルフ・シュタイナーはドルナッハで「クリスマス会議」を開きました。そして、会議の冒頭にこんなふうに、集まった人々に向かって話しかけたのです。10年の歳月と多くの人々のエネルギーと時間を費し完成されたゲーテアヌムが燃え落ちたのは、1年前のことでした。そのとき外にはまだ瓦礫《がれき》が山と積み重なっていました。

1年という時が過ぎてもなお落胆《らくたん》し、憤《いきどお》り、訝怪《いぶか》しむ人々に向かって、シュタイナーは言ったのです。…ゲーテアヌムを燃やした炎は、わたしたち一人ひとりの内にあったのだ…と。

シュタイナーの精神は、それほどに強靭《きょうじん》でありました。

彼のことばはわたしたちに、「人智学協会」もまた人と人が対立し、争い、憎み合う場所でもあったのだということを想わせます。その中に在って、なお諦《あきら》めずに立ち上がったシュタイナー…。シュタイナーはゲーテアヌム建築に、彼の生命体を注ぎ込んだに違いありません。悪意を持った人間によって火をつけられ、燃え尽き、灰に変わったとき、彼の生命体もまた破壊されたのでしょうか。その日以来健康はすぐれず、シュタイナーはベットに伏すことが多くなったと言われています。

1925年3月30日、彼は息を引き取りました。

そのとき、ドイツには高らかに弁ずるヒトラーの声が鳴り響き、何万という人々が彼のことばに熱狂的に応えていたのでした。

理想が理想たり得るとき

覚えていらっしゃるでしょうか? 厭世《えんせい》主義が横行する世に在って、若きシュタイナーが「理想」を持ちつづけ、「理想」に賭《か》けていたことを…。

混迷し、混乱し、行く先が見えない、不安な心を抱きながら暮らしているわたしたち…。そんなわたしたちに勇気を与えてくれるシュタイナーのことばを最後に、皆さまとお別れしたいと思います。

…美しいバラは無常な風に吹き散らされたとしても、その存在の意味を全(まっと)うしたことになる。なぜなら数百人の人間の目を喜ばせてきたのだから。たとえ星空が破壊されてしまうような事態に立ち至ったとしても、何千年もの間人々は畏敬《いけい》の念をこめて、その星空を見上げてきたのだ。それで十分である。無常であるか否か、ということが問題なのではなく、存在するものの内的な本質がその存在を意味づけていることが問題なのだ。われわれの精神の理想はそれ自身が一つの世界なのであり、それ自体でその存在を全うすることができるようなあり方をしているのだ。だから外なる自然の恵みがあるかないか、ということによって、その存在の意味が左右されたりはしない。

もし人間が自分の理想世界の内部に充足を見出すことができず、自分の理想の世界のために自然の手助けが必要だとしたら、何とその人間は憐れむべき存在であろうか。まるで自然に手を引かれていなければ独り歩きができないようなものである。そうだとしたら、いったいどこにわれわれの神聖なる自由があるというのだ。われわれのつくるものを自然が日々、破壊してしまったとしても、いっこうに構いはしない。われわれは新たに創造する歓びをもつことができるであろう……。（平河出版社高橋巖著「若きシュタイナーとその時代」より）

「時代を越えて、共に生きる」
一人ひとりが自分自身の足で立つ

**アフガニスタンでの戦闘が下火になろうとする時、
イスラエル、パレスティナ間の
ユダヤ教徒とイスラム教徒との対立、戦禍が
多くの不幸を招いています。
キリスト教も含めて、それぞれの歴史と関係性を
認識し、平和と共存を模索しましょう。**

皆さまもテレビのニュースで見たことがおありでしょうか？　パレスティナ？　イスラエル？　の首都エルサレム（エルサレム国際管理都市）にある「嘆《なげ》きの壁」に取りすがって祈り、嘆いているパレスティナの人々を…そして、同じ壁の反対側ではユダヤの人々が一心に祈っている姿を…。

領土をめぐって対立している両国の人々が、なぜ一つの壁をはさんで祈っているのでしょう？　たしか、パレスティナの人々が信仰しているのはイスラム教であり、ユダヤの人々が信仰しているのはユダヤ教のはずなのに…。

わたしはとても無知でした。そして不思議に思いました。調べてみました。すると次のようなことが分かりました。

…パレスティナとイスラエルの人々が一つの壁を挟んで片や西側で、片や東側で祈っているその壁は「嘆きの壁」と呼ばれ、イスラム教とユダヤ教両宗教にとってその壁は「聖地」である…

いいえ、驚くのはまだ早いのですよ。なぜなら、「嘆きの壁」を聖地としている宗教は、イスラム教と

ユダヤ教だけではありません。キリスト教にとってもそれは「聖地」なのです。

なぜ、こんなことが起きたのでしょうか？　不思議なことですね。けれど、ユダヤ教、キリスト教、イスラム教のそれぞれの歴史と、三つの宗教が複雑に入り組んだ関係を学び、わたしはようやく理解することができました。そして、なぜ、今になってもパレスティナとイスラエルの間で対立と紛争がつづいているのか、そしてなぜ人々があれほどまで憎み合っているのか、ということも…。

少し長くなりますが、旧約聖書の物語から、その原因を探ってみませんか？　シュタイナー教育を実践しているわたしたちが歴史を学ぶのですから、物語から始めてもよろしいですね！

『雲のはしら』

かご舟のモーセ

「イスラエル人の家に、男の子が生まれたら、一人のこらず川へ流せ」

エジプトの王様がこんなおふれを出しました。イスラエル人があまりたくさんにふえたので、王様は国をとられはしないかと、心配になってきたのです。

「なんという、ひどいおふれだろう！」

と、イスラエルの人々は悲しみました。

その悲しみのうちに、一人の男の子が生まれました。王様のおふれに従えば、男の子を川へ流さなければなりません。けれど、かわいい赤ちゃんを、どうしてそんな目にあわすことができるでしょう。

お父さんとお母さんは、こっそり育てることに決めました。が、そのうち、とうとう三月が過ぎ、赤ちゃんはだんだん可愛く大きくなって、もうこの先はとても隠しきれなくなりました。

「さて、どうしたらよいでしょう」

「おおそうだ。うまい考えに気がついた」

家の人たちは、そっと支度をしたのでした。

ある晴れた日のこと、エジプトの王女様が腰元（こしもと）たちをお連れになって、いつものようにナイル川の岸辺（きしべ）へ水遊びにおでかけになりました。すると、どこからか赤ん坊の泣き声が聞こえてきます。腰元たちがあたりを探すと、岸辺のアシのしげみの中に小さなかごの船が一つ浮かんでいて、泣き声はその中から聞こえてくるのでした。

小さな舟は葭（よし）で編んだかごにヤニを塗って水が漏（も）れないようにしたものでした。中からあらわれたのはかわいい男の赤ちゃんでした。

「おお、おお、かわいい坊やだこと」

王女様はかご舟の中から子どもを抱き上げて、そうおっしゃいました。

すると、そこへ一人の女の子が駆け寄ってきました。そしてこう申し上げました。

「王女様、わたしが乳母（うば）を探してまいりましょう」

それは、赤ちゃんの姉さんでミリアムという娘でした。さっきから岸辺のアシのしげみに隠れて、こっそり様子を見ていたのです。

「乳母がいるのなら都合がよい。すぐに連れてきてもらいましょう」

王女様のおことばに、ミリアムは飛んでいって家からお母さんを連れて来ました。そこでお母さんは自分の子どもの乳母になり、王女様から赤ちゃんをお預かりして、家へ帰って育てることになりました。

こうして、その赤ん坊は幸いにも水の上から拾い上げられ、生まれた家に帰って、お母さんのお乳ですくすく育っていきました。

けれど、やがて大きくなりますと、王女様の許《もと》に戻されて御殿（ごてん）の中で育てられることになりました。

「この子の名前はモーセとしましょう。ナイル川の水から引き上げられたのですから」

王女様はこうおっしゃいました。モーセとは、「引き出す」という意味でした。

モーセは御殿の中で偉い先生たちからたくさんのことを学び、やがて立派な若者になりました。

燃えるシバの火

ある日、モーセが道を歩いていますと、一人のエジプト人が重い荷物を背負ったイスラエル人を、鞭《むち》で叩いて酷《ひど》い目に遭《あ》わせていました。

モーセはそれを見ると思わずカッとし、

「弱いものいじめをするとは許されぬ！」

と言って、このエジプト人をうち倒して、砂の中に埋（う）めてしまいました。

このことを知った王様は、

「モーセという男はどんなことをしでかすか知れない奴だ。あいつを生かしてはおけない」

と考えました。

それを知ったモーセはそっとエジプトを抜け出して、紅海の向こうのアラビアへ向かって逃げだしました。ミデアンという野原まで来たとき、モーセは井戸のそばで休んでると、羊飼いの娘達が、乱暴な男たちに苛《いじ》められていました。モーセが娘たちを助けると、娘達の両親に

「どうぞここにいて、わたしたちと一緒に暮らしてください」

と言われました。そこでモーセは請《こ》われるままそこに留（とど）まって、羊を飼うことにしました。

ある日、モーセは羊を連れてホレブの山へ登りました。ホレブの山は大きな岩の山でありました。そこで羊の番をしていますと、モーセがふと見ると、向こうの柴《しば》に火がついて燃えているではありませんか。しかも、不思議なことにその火は少しも煙が出ず、炎だけがメラメラといつまでも燃えているのです。

「はてな」

と思ってモーセが近づいて行きますと、火の中から、

「モーセよ、モーセよ」

と呼ぶ声が聞こえました。

「はい、わたくしはここにおります」

こう答えて、モーセが思わず地面にひれ伏しますと、また厳（おごそ）かな声がひびき渡りました。

「ここへ近寄ってはならぬ。靴をぬぎなさい。おまえの立っている場所は聖なる所なのだ」

急いで靴をぬぎ、モーセがかしこまっていますと、厳かな声がまた、

「わたしはおまえの先祖の神、アブラハムの神、イサクの神、ヤコブの神である」

と言いました。

モーセは目の前に神さまのお姿を見るのを畏《おそ》れて、思わず顔を隠しました。すると、神さまがおっしゃるには、

「イスラエルの人々は、エジプトで大変な苦しみにあわされている。その叫び声が聞こえてくるので、わたしはイスラエルの人々をエジプトから故郷（ふるさと）のカナンへ連れ出そうと決めた。そのために、おまえをエジプトに送り、みんなを引き連れてイスラエルに行かせようと思う」

モーセは驚いて申し上げました。

「神さま、わたくしなどにどうしてそのような大きなお役目が果たせましょう」

「いや、心配はいらない。わたしがいつもおまえと共にいる。おまえ一人ではできないことも、わたしがついていればできるのだ。さあ、すぐにエジプトへ戻り、イスラエルの人々を連れ出しなさい」

「でも、もしイスラエルの人たちが、おまえを送ってよこした神は何という名の神だ、と訊《たず》ねましたなら、どう答えたらよろしいのでしょうか？」

「エホバの神と言うがよい。おまえたちの先祖の神、天地の創（つく）り主、ただ一人の真（まこと）の神がお遣（つか）わしになったのだと言うがよい。さあ行け！　わたしはいろいろな不思議な力を顕（あら）わして、きっとおまえたちを救い出してあげよう」

そこで、モーセは立ち上がりました。

「神さまがご一緒にお出でくださるならば、どんなこともできないということはないはずだ」

こう心に決めて、モーセは山を下り、勇んでエジプトへ向かいました。

紅海をわたる

モーセはイスラエルの人々を連れてエジプトを出発しました。

「それ、このときだ！」

長い間、奴隷（どれい）のように苦しい目にあわされてきたイスラエルの人々は、モーセの後につづいてエジプトを出ました。おじいさんも、おばあさんも、大人も、子どもも、

「そら、遅れるな！」

と繰《く》り出しましたから、その騒ぎといったらありません。

モーセは神さまから授（さず）かった杖（つえ）

を握って人々の先頭に立ちました。行く先は広い広い砂漠でしたから、神さまは方角を間違えないようにと、昼間は白い雲の柱を行く手の空にあらわして、道案内にしてくださいました。雲の柱が止まれば、

「それ、休め！」

と言って休み、雲の柱が動き出せば

「それ、進め！」

と言って進みました。

ところが、皆が紅海の岸辺へ来たとき、戦車（いくさぐるま）600台を持つエジプトの大軍に追いつかれてしまいました。

「さあ、大変！　前は海、後は敵！　進んでも退（ひ）いても命はない！」

イスラエルの人々は泣き喚（わめ）くばかりでありました。けれども、モーセは少しも騒がず、夜になるのを待っていました。やがて火の柱が後へまわってエジプト軍を照らしつけ、エジプト軍の兵たちは目が眩（くら）んで立ち往生してしまいました。

モーセはすぐさま、

「前へっ！」

と叫んで、真っ先に紅海へ向かって杖を差し伸ばしました。すると、まちまち大風が吹いて、水は右と左へさーっと別れ、海の底に道が拓（ひら）かれたのでした。

「それっ！」

とばかりにイスラエルの人々は紅海を渡って行きました。エジプト軍はそれを見ると、

「逃がすな！」

と、後につづいて押し寄せて来ました。そこで、モーセがあげていた杖をすばやく下ろすと、それを合図に海の水は右と左からど、ど、ど、どっ……と、巻き返してきて、エジプト軍を一人残らずのみ込んでしまいました。

モーセはさっそく歌をつくって神さまにお礼を申し上げ、みんなで歌い踊ったのでしたた。

天からふってきたパン

紅海をわたると、そこはアラビアの砂漠でありました。人々らは昼間は雲の柱、夜は火の柱に導かれて先へ先へと進みましたが、どこまで行っても荒れ

野がつづくばかりです。

「暑い、暑い。喉《のど》が乾いて死にそうだ」

こう言って、みんなが苦しがりました。三日三晩水を探して、ようやく探し当てた水はたいそう苦い水でありました。みんなが不平を言い出しました。けれども、モーセが神さまの杖をその水の中に投げ込むと、たちまち水は甘くなったのでした。

人々がさらに進むうちにシンの荒れ野という焼砂(やけすな)だらけの砂漠の真ん中まで来ました。そして、とうとう食べ物がなくなってしまいました。

「こんなことならエジプトで、肉でも食べながら命を取られたほうがましだった」

こう言って、みんなは旅に出てきたことを後悔するのでした。すると、モーセが言いました。

「この苦しい旅に鍛(きた)えられて、われわれは立派な民(たみ)になるのだ。神さまがお守りくださっていることを信じなければいけない」と。

するとその日の夕方、天から雲のようにたくさんのウズラが降りてきました。思いがけないごちそうに、人々が小躍(こおど)りして喜んでいますと、その次の朝には、テントの外いちめんに、白い小粒の丸いものが、まるで霜のように積もっていました。

「おや、これはいったい何だろう」

「何だろう」

と、みんなが呆気(あっけ)にとられていますと、モーセが言いますには、

「これは神さまがお降らせくださった、荒れ野のパンである。今日食べる分だけを拾いなさい。あしたの分はまたあした、神さまが降らせてくださるであろう」

人々は、さっそくそれを広い集め、臼(うす)に入れて搗(つ)いて焼いて食べますと、まるで蜜入りのお菓子のようなおいしさでした。

「これをマナという名にしよう」

と、みんなは言いました。マナとは「何だろう」という意味です。

おいしいマナは、夜露と共に降ってき、そして朝日にあたると溶けてしまうのでした。荒れ野の旅の間中、神さまはいつもこのマナを天からお降らせになって、人々をお養いくださいました。

金の子牛

イスラエルの人々は、ときには砂漠に住む乱暴な人たちと闘いながら、やがてシナイ山のふもとへ着きました。するとある朝のこと、シナイ山の上から大きなラッパの音が聞こえてきました。つづいて雷がひびき、山は稲光と煙に包まれ、地面はぐらぐらと揺れ始めました。

モーセは人々を山のふもとに待たせておいて、たった一人で頂（いただき）へ登って行きました。すると神さまはモーセに向かって「十の戒め（いましめ）」をお授（さず）けになりました。それは、人々がいつまでも守らなければならない、なにより大切な戒めでありました。

そこには、「真（まこと）の神様だけを拝む」「人間の手で作ったものを、神様として拝んではならない」「父（ちち）母（はは）を尊（とうと）ばなければいけない」「人を殺してはいけない」「人のものを盗んではいけない」「嘘を言ってはいけない」「欲深なことをしてはいけない」…ということが石の板に彫（ほ）りつけられてありました。

モーセはその石の板を持ってシナイ山から下りてきました。ところがふもとちかくまで来ると、下の方から大勢の人が歌う声が聞こえてきたのです。

「何ごとだろう」

と思って下って来て見ると、人々は金でつくった子牛の像を拝みながら歌っているのでした。モーセの帰りが遅いことを心配した人々が、エジプト人のまねをして、金の指輪や耳飾り、腕輪や首輪を出し合って子牛の型（かたち）をつくり、それに向かって

「神様、どうかモーセを無事にお返しください」

と祈っていたのです。

モーセはそれを見ると、

「人間の手でつくった金の子牛を神様にして拝むなど、何と情けない者たちだ！」

と言い、真の神様を忘れた彼らを厳しく戒めました。そして、もう一度山へ登り、神様にお詫《わ》びを申し上げて戻ってたのでした。その時、モーセの顔は目も眩（くら）むほど眩《まぶ》しく輝いていました。

ふるさとへ

雲の柱がまた動き始めました。

「そら出発だ！　神様はわれわれをいよいよふるさとへお返しくださるぞ！」

人々は歓び、勇み立ちました。そして、神様の「十の戒め」が彫《ほ》られている石の板を大切に箱に入れ、それを担（かつ）いで進んで行きました。

進むうちには、砂漠に住む乱暴な者たちに襲（おそ）われたり、日照りや嵐に遭《あ》ったり、仲間同士で争うこともありました。大勢の人々を引き連れて長い旅をつづけることは、まったくたいへんなことでありました。

こうしてモーセはとうとう40年もの長い年月を、大勢のイスラエルの人々を引き連れて、砂漠の中を進む旅をつづけていたのでした。

この間に、一緒にエジプトを出てきた人々は一人倒れ、二人倒れて死んでゆきました。そして、残った者はモーセとヨシュアとカレブの3人だけとなってしまいました。他の人々は、みんな苦しく長い旅の途中で死んでしまったのです。あとの者は、旅の途中で生まれた若い人たちばかりでありました。

けれど、40年もの砂漠を彷徨（さまよ）う旅もようやく終わりに近づきました。一行はとうとうヨルダン川の岸辺にたどり着いたのです。ヨルダン川の向こう岸はめざすふるさとカナンの町が見えます。

モーセは人々を集めて言いました、

「イスラエルの人々よ、わたしの役目はこれで終わった。どうか、この旅の間に神様から与えられたお恵みをいつまでも忘れないでもらいたい。また皆は、神様からいただいた尊い「十の戒《いまし》め」を固く守らなければなりませんぞ。これから先は、わたしに代わってヨシュアの指図に従うように…」

モーセはこう言ってヨシュアの頭に手を置き、後のことを託したのでした。そして皆で声をそろえて別れの歌を歌った後、たった一人、ピスガの峰に登っていったのでした。

ピスガの峰の上に立ったモーセは、はるか目の前に広がる美しいカナンの地を眺《なが》めました。

「ああ、あそこがわたしたちのふるさとなのだ。『乳と蜜が流れる地』と呼ばれているよい国なのだ。

イスラエルの若者たちは、いよいよあのご先祖の土地へ帰ることができるのだ。神様、わたしたちをお守りくださり、本当にありがとうございました」

モーセはこう神様にお礼を申し上げ、そして、そのままピスガの峰から天に昇ってゆきました。

ナイル川を流れていたかご船から拾い上げられたモーセは、この時120歳になっていました。モーセという名は「引き出す」という意味でありました。モーセは生涯をかけて、とうとうイスラエルの人々をエジプトから神様に約束された地、ふるさとのカナンまで引き出してきたのでした。

パレスティナとイスラエルの歴史

東地中海に面したパレスティナは太陽に照らされ、ブドウ、オレンジ、オリーブが実る、明るく豊かな土地です。この土地はカナンと呼ばれ、旧約聖書の物語の中にあるように、紀元前13世紀にエジプトから逃れてきたユダヤ人が国を創りました。

それから後、紀元前11世紀のころ、その国の王ダヴィデがエルサレムの町に首都を築き、ダヴィデの後を継《つ》いだソロモン王がエルサレムに壮大な神殿を造って国威を高め、大いに栄えたのです。

ところがソロモン王が死ぬと、国は北と南の二つに分かれ、「イスラエル」と「ユダ」という二つの国が生まれました。その後も両国の間で内戦が繰り返されたため、長くつづく紛争によって国の力は衰えて、ついにエジプトの王シェションク1世に侵略され、滅ぼされてしまったのです。

それ以来、カナンの地はバビロニア、ペルシャ、マケドニア（ギリシャ）そして、ローマによって支配されつづけ、「イスラエル」という名は紀元前8世紀ころ、歴史から消えてしまいました。

その後、紀元前37年、ヘロデ（ユダヤ人ではありませんでした）がローマの承認を得てユダヤ王国を創りましたが、ヘロデが死ぬと、ユダヤ人は再びローマ帝国の支配下に置かれてしまいました。

キリストが十字架の上で磔《はりつけ》にされたのはこの頃のことです。ローマ帝国の総督ポンシオ・ピラトによってキリストの処刑が決定されました。

紀元後70年にユダヤ人は反乱を起こしますが、またしてもローマ軍によって鎮圧され、王国の再興の夢は絶たれたのです。そしてユダヤ人は、カナンの地を後にして世界中へ散って行きました。

皆さまは「ディアスポラ」ということばをお聞きになったことがあるでしょうか？「ディアスポラ」とは、この時、世界中に散っていったユダヤ人の「終わりなき流浪」を意味することばです。

さて、ソロモンとヘロデがエルサレムの町に築いた神殿は、ローマ軍の手によって完全に破壊されてしまいました。そのとき辛（かろう）うじて残ったものが、「嘆きの壁」と呼ばれている石積みの壁です。

かつてカナンと呼ばれた地は、ローマ人によって「パレスティナ」と名付けられました。そして、ローマ皇帝ハドリアヌスによって再興され、次々と頑強なローマ建築物が建てられ、道路や水道なども整備されて次第に美しい町となってゆきました。

また、紀元３３５年にはイエス・キリストが磔《はりつけ》にされたゴルゴダの丘の上に、聖墳墓《ふんぼ》教会が建てられました。これが、先頃、イスラエル軍によって攻撃を受け、多くのパレスティナ人が閉じこめられていた教会です。皆さまもテレビのニュースでご覧になりましたか？

イスラム教

さて、次にイスラム教の歴史を辿《たど》ってみましょう。

紀元前8世紀から7世紀にかけて、アラビア半島最南端にあるイエメンに南アラブ王国が栄えました。一方、パレスティナの近隣の国々シリア、ヨルダン、そしてチグリス川両域のアッシリアなどに移り住んで来たアラブ勢力もまた栄えました。が、紀元4世紀に南アラブ王国が滅びると、アラブ民族は徐々に遊牧民族化し、ベトウィン（遊牧民族）と都市定住者に別れて暮らすようになりました。

そのような状況の中でイスラム教の開祖ムハンムド（モハメッド）は、西暦５７０年に現サウジアラビアのメッカに住む商人の子どもとして生まれました。

ムハンムドは40歳のとき、大天使ジィイブリイール（キリスト教ではガブリエルと呼びます）を通して神の啓示を受け、自らを「最後の大預言者」と呼んで布教を始めました。

ムハンムドは生まれ故郷の「メッカ」を聖都と定め、「アラー」（アラビア語でユダヤ教の神ヤハウエをこう呼びます…ということは、ユダヤ教とイスラム教は同じ神を唯一の神として崇拝していることになりますね）から受けた「啓示」を「コーラン」に記し、それを経典として布教を始めたのです。

けれど、当時、アラビア半島はベトウィンたちが土俗の神を信仰する多神教地帯でしたので、布教はとても困難でした。そこでムハムンドはユダヤ人が多く住んでいた「メディナ」（第2の聖都）へ移り、そこで本格的に布教を始めたのです。

イスラム教徒はその年、すなわち西暦622年をイスラム元年としています。

ムハンムドは「メディナ」で8年間布教活動をつづけましたが、ユダヤ教徒との争いが起きたために、「メッカ」に戻り、再び布教に務めました。

ムハンムドと彼の信徒たちは布教を進めるうちに、「メッカ」に創られた多神教徒のシンボルである「カヴァ神殿」を襲い、それを奪ってイスラム教の神殿としました。これが、イスラム教徒が一生に一度は巡礼しなければならないとされている「聖都メッカ」にある「カヴァの神殿」です。

さて、638年になると、エルサレムは新たな勢力によって支配されるようになりました。イスラム教の「カリフ」（予言者ムハンムドの代理人）ウルマ1世に率いられたアラブ人勢力がエルサレムを攻め、町の名を「聖なる土地」を意味する「アル・クドウス」と変えたのです。

「コーラン」によると、ムハンムドは…天馬に跨（またが）って空を翔け、エルサレムに下り立った夢を見た…とあります。そして、馬から下りたムハンムドは跪（ひざまず）いて祈り、そこにあった強大な岩から天国へ通じる梯子（はしご）を昇ってアラーの前にひれ伏したと…。

この「聖なる岩」を、「メッカ」と「メディナ」に次ぐイスラム教第3の聖地と決めたウルマ1世は、この岩を包み込むようにして「岩のドーム」を建て、神殿としました。

こうして、イスラム教徒は先住民であったカナン人やペリシテ人、ユダヤ人たちの領域を次第に冒《おか》し、パレスチナに住む人口の大多数を占めるようになっていったのです。

その後、イスラム教はアラビア半島の全域にまで広まり、それまでばらばらだった「アラブ」を一つの民族に統一することに大いに貢献しました。こうして、人々は「アラブ民族」としてのアイデンティティーを確立していったのでした。（アラブ民族とは一つの人種、民族を指すのではなく、「アラーを唯一絶対神」として帰依するイスラム教徒で、アラビア語を中心言語とする民族のことを指します）

さて、主イエス・キリストゆかりの聖都を異教徒に奪われたヨーロッパのキリスト教勢力は、11世紀から13世紀にかけて数度にわたる十字軍を遠征させて、聖都を奪い返そうと試みました。この長い戦いの間、エルサレムは何度か十字軍の手に落ちはしましたが、１２４４年にトルコ人のイスラム勢力によって再び占領されると、十字軍はもはや二度度エルサレムへと足を踏み入れることができませんでした。

以来、20世紀になるまで、エルサレムはずっとイスラム教勢力が制することになったのです。

１５１６年には、イスラム教国であるオスマン帝国がパレスティナを支配下に置きました。生活はさまざまに制限されはしましたが、オスマン帝国にはキリスト教徒やユダヤ教徒も暮らしていました。こうして、オスマン帝国ではイスラム教徒とユダヤ教徒、そして、キリスト教徒が共存していたのです。それ以来、４００年近くにわたって、文化や宗教、習慣の違いを持ちながら、彼らは共に生活を営んできたのです。

キリスト教徒による差別

さて、西暦７００年代にローマ帝国に支配され、世界に散って行ったユダヤ人は、あらゆる所で差別され、迫害を受けるようになりました。12世紀末から13世紀にかけて十字軍の遠征が失敗に終わると、カトリック教会は、キリスト教徒がユダヤ教徒と交際することを禁じました。その上、ユダヤ教徒は農耕をはじめ、都市での手工業や貿易などの仕事も取り上げられていったのです。

13世紀後半になると、ドイツではすべてのユダヤ教徒はゲットーに追いやられました。そしてゲットーは周囲を壁で囲まれ、門は日が暮れると閉められ、夜間の外出は一切禁じられました。また、昼間外出するときも、ずきんを被（かぶ）ってユダヤ人であることが分かるようにすることを義務づけられたのです。

このゲットーはヨーロッパ各地に拡がり、ユダヤ教徒を隔離する傾向がますます強められました。こうして、ユダヤ教徒はヨーロッパのキリスト教社会における最低辺に置かれ、被差別民族とされてゆきました。

カトリック国であるスペインでキリスト教異端者を摘発、処分するための裁判制度がありました。15世紀後半に入ると、その制度がユダヤ教徒狩りに利用され、多くのユダヤ人が犠牲になりました。

一方、イスラム世界におけるユダヤ教徒は信仰の自由を保障され、経済や文化の担い手の一員となっていったのです。

近代社会の中のユダヤ人

キリスト教社会のヨーロッパ諸国の中で、社会の最低辺に置かれたユダヤ教徒たちは、次第に身分制度が崩壊するに従って、法的差別を受けることが少なくなってゆきました。

このユダヤ教徒に対する政策を転換した目的は、彼らを市民として社会に同化させることにありました。一方、ユダヤ教徒たちは、独自の宗教観と生活習慣を持っていました。そして、それを頑（かたく）なに守り続けて、社会にとけ込もうとはしませんでした。

けれど、法的差別がなくなるにつれて、ユダヤ教徒たちは、信仰による互いの連帯感は保ちながらも、それぞれが暮らす国の市民となる努力を始めました。ドイツに住む「ユダヤ教徒」は、「ユダヤ人」ではなく、「ユダヤ教を信仰するドイツ人」となり、また、フランスに住む「ユダヤ教徒」は「ユダヤ人」

ではなく、「ユダヤ教を信仰するフランス人」etc、となっていったのです。そして、彼らは次第に政治、経済、文化など、あらゆる分野に進出し、活躍するようになりました。

さて、19世紀の後半になると、ヨーロッパ各地でユダヤ教徒を市民として受け入れることを拒否する運動が起こりました。それは異端であるという理由ではなく、人種（血）の違いを排斥《はいせき》の理由とする「人種論的反ユダヤ主義」の台頭によるものでした。これは、資本主義政策の矛盾から吹き出したさまざまな問題を、ユダヤ人に転嫁しようとする政策でありました。が、「ポログラム」（ポログラムとはロシア語で集団的な虐殺や破壊を意味します）を逃れて来た多くのユダヤ人が住んでいたドイツ、そしてドレフュス事件が起きたフランスでは、反ユダヤ主義の風潮が広がりました。

ドレフュス事件とは、ユダヤ人の参謀本部付将校、ドレフュス大尉がスパイ容疑の濡《ぬ》れ衣（ぎぬ）を着せられ、軍法会議で一方的に有罪判決がくだされた冤《えん》罪事件です。このとき、フランスの大群衆が判決を支持して反ユダヤのデモを繰り広げました。

一方、東ヨーロッパの国々においても、ユダヤ人の迫害は日を追って激しさを増していきました。彼らは中世の時代に迫害を受けてヨーロッパから逃れて来たのでしたが、分割されたポーランドや帝政ロシアにあって、多くのユダヤ人が虐殺され、ユダヤ人の経営する商店は次々と放火され、打ち壊されていったのでした。

１８８０年代のロシアでは、社会的危機が深刻化し、ユダヤ人に対する集団虐殺はますますひどくなってゆきました。そして、１９０５年のロシア第一革命、１９１７年のロシア第二革命の前後には、難を逃れようとして、多くのユダヤ人がアメリカとパレスティナへ移住しました。

シオニズムの台頭

ユダヤ人に対する差別、迫害、虐殺などが激化するヨーロッパで、19世紀の終わりに「シオニズム運動」が生まれました。それは…、世界各地に離散したユダヤ人が安心して暮らせる、自分たちの国家をつくろう…という運動です。

1896年に「ユダヤ人国家—ユダヤ人問題の現代的解決の試み」という本が出版されました。著者のテオドール・ヘルツルは、フランスで起きた「ドレフュス事件」を取材するうちに、ユダヤ人が過酷な差別を受けている実体を目（ま）の当たりにして、どれほど反ユダヤ思想がヨーロッパ全土に広がっているかを知り、強い衝撃を受けたのでした。そして彼は、ユダヤ人国家を創ることは緊急の課題であると考え、人を啓蒙するために本を書いたのでした。

第一回のシオニスト世界大会が、1897年、スイスのバーゼルで開かれました。シオニストたちは…一つの民族を形成するためには、宗教や言語などの文化遺産や歴史だけではなく、国土を共有することが必要不可欠である…と主張しました。

彼らの主張は、2000年もの長い間失っていた「祖国」の建設と、失われた母国語、ヘブライ語を取り戻すことに他なりませんでした。これをきっかけにして、ヘブライ語の復活運動と、パレスティナへの移住が始められたのです。

旧ソ連におけるユダヤ人

ロシア革命の後、ボルシェヴィキ政権は、ユダヤ人に対する法的差別をすべて廃止し、他の民族と同等の権利を認めました。革命運動に多くのユダヤ人が関わっていたこともあり、彼らは政治や文化などのあらゆる分野で活躍するようになりました。

けれど、スターリン時代になると、スターリンの民族理論に基づいて、…ユダヤ人は民族ではなく宗教集団…とされ、教化と抑圧の対象とされていったのです。

ナチズムの中のユダヤ人

1920年、「すべてのユダヤ人は、ドイツの同胞たり得ない」とするナチ党の綱領が発表され、ドイツにおける反ユダヤ主義はそれまでにない激しさで全国へ広がっていきました。

特に、…ユダヤ人による世界支配の陰謀…を立証するものとして、「シオンの長老の議定書」が世間に出回ると、反ユダヤ主義はますます激しくなっていき、多くのユダヤ人がパレスティナへ移住して行きました。

ナチ党が政権を握った1933年、ドイツには53万7千人のユダヤ人が住んでいました。彼らの多くはドイツ語を話し、ドイツ文化の中で暮らしていた「ユダヤ教を信仰するドイツ人」でした。

ナチスは1935年、「帝国市民法」を発布して…ドイツ人とドイツ人の名誉を守る法…を制定しました。この「ニュールンベルク法」と呼ばれる法律によると、…ユダヤ教徒は勿論、ユダヤ教を信仰していなくとも、両親、祖父母の一人でもかつてユダヤ教徒であったドイツ人は、「血の理論」に基づいて、帝国市民たり得ない「ユダヤ人」として排除する…ということでした。

1942年、ユダヤ人問題の「最終解決」案がナチス親衛隊保安長官のもとで開かれた会議で可決されました。この決定によって、ナチス占領下のヨーロッパ各地でユダヤ人の強制連行と大量虐殺が始められたのです。

1939年、ポーランドには約330万人のユダヤ人がいましたが、そのうちの約27万人が、アウシュヴィッツなどの強制収容所で虐殺されました。

この「ホロコースト」と呼ばれる惨劇によるユダヤ人の犠牲者は、ヨーロッパ全体で529万人以上だったということが明らかにされています。

ここで詳しく書くことはできませんでしたが、パレスティナとイスラエルの間で続けられている紛争について学んだとき、わたしがつくづく思ったことは、ヨーロッパをはじめ、故郷を失って世界中に散っていったユダヤ人が辿った過酷な2000年の歴史はとりもなおさず人間の歴史である…ということでした。

そして、「ホロコースト」は、単に「ナチスが行ったこと」と言って片づけられる問題ではなく、これら差別や強奪、虐殺などによるユダヤ人の悲劇は、わたしをも含めた、すべての人間の内にある「負の力」の帰結だったのだと考えるしかありません。

パレスティナ問題

さて、パレスティナと聞いたとき、皆さまは地図の上のどの部分を思い浮かべますか？　パレスティナとはいったい、どの地域を指すのでしょうか？　パレスティナという国を地図で探してもありませんね。パレスティナを地理上で区分することは大変難しく、とても曖昧（あいまい）なものなのです。歴史的にはシリアの南部を指しますが、それが明確にされたのは第一次世界大戦後のことでした。

それ以前は16世紀前半からずっと、パレスティナはオスマン帝国の支配下にありました。その当時オスマン帝国はアジア、ヨーロッパ、アフリカに領土を広げ、20余りの民族を擁する大国でした。が、17世紀後半から徐々にヨーロッパの国々に領土を侵され、19世紀になると領内のそれぞれの民族が独立をはかり、その動きを利用しようとするヨーロッパ諸国の干渉がますます激しくなってきたのです。

ヨーロッパ諸国はキリスト教を保護するという名目で民族独立運動に介入し、それまで共存していたイスラム教徒、ユダヤ教徒、キリスト教徒を分離、対立させ、紛争を起こす火種をつくった張本人なのです。それこそが、ヨーロッパ諸国の企（たくら）みであり、彼らはそれによって自国の利益を謀（はか）りました。これを彼らは「東方問題」と呼んでいます。（この呼び名も、自分たちの立場からの呼び名であることは明らかですね）

この動きの中で、シオニズム運動は活発になり、民族間の対立や紛争の間隙を縫《ぬ》って、ユダヤ人は着々とパレスティナの地に移植を進めてゆきました。

イギリスの外交

第一次世界大戦の最中（さなか）、イギリスはシオニズム運動を支援することを公言しました。これを「バルフォア宣言」と呼びます。自国の戦いを有利に進めるために、イギリスはヨーロッパやアメリカに暮らしているユダヤ人の力と富がどうしても必要だったのです。またイギリスにはシオニズム運動を支援することによって「東方問題」のイニシアチブを取るという目論見（もくろみ）もありました。

けれど、それ以前にも、1915年から1916年にかけて、イギリスはアラブと「フセイン・マクマホン協定」(アラブ民族の、オスマン帝国からの独立を認める協定)を結んでいました。ですから、「バルフォア宣言」は、アラブ人にとって、イギリスの重大な裏切り行為以外のなにものでもありませんでした。「フセイン・マクマホン協定」に基づいて、アラブがトルコ(オスマン帝国)に反乱を起こしたその最中に、イギリスはアラブ人を裏切り、「フセイン・マクマホン協定」と相容れることのない「バルフォア宣言」を発したのです。

が、しかし、イギリスの裏切り行為はこれだけではありませんでした。イギリスは更に1916年、フランス、ロシアと共にトルコ(オスマン帝国)領を分割する協定を結んでいたのです。(これを「サイクス・ピコ協定」と呼びます)

自国の利益を最優先するこのようなイギリスの外交こそが、今日まで多くの人の生命を奪いつづけている「パレスチナ問題」の元凶なのです。このことは、世界中の多くの人の認識となっています。

覚えていらっしゃるでしょうか? アフガニスタン、パキスタン、イラン、イラク…彼らの困難と苦悩の最大の原因をつくったのも、イギリスの身勝手な在り方だったということを…。あの時も、イギリスは巧みに二枚舌を使い分けて自立を望む中東、西南アジアの人々を陥《おとし》れたのでしたね。

これ以上、大国と呼ばれるグローヴァル化を進めてきた経済大国の身勝手な態度によって、民族間の対立や紛争を引き起こすことは許されません。今、経済が弱体化しているとは言え、わたしたちの国、日本もその中の一員なのです。日本が戦前戦後、アジアに対して行ってきたことは、イギリスがしてきた卑劣な行為とまったく同じ意味を持っているということを、認めない訳にはいかないのです。

わたしたちが二度と同じ過ちを犯さないためにも、わたしたちは学びつづけなければなりませんね。

アラブ人とユダヤ人の対立

このような経過を経て、第一次世界大戦後、パレスティナはイギリスの統治下に置かれました。そして、「シオニズム運動」を支援するイギリス人の許でパレスティナに向けて、ユダヤ人の移住はますます増えてゆくのでした。

1929年、エルサレムの「嘆きの壁」を巡って、ユダヤ人とアラブ人の大きな衝突が起こりました。そして、それを境にその後も増えつづけるユダヤ人に、仕事や住む所さえ奪われて、アラブ人が反乱を起こし始めたのです。

それに対してイギリスは、30年代以降、アラブ人の反乱を徹底的に弾圧するようになりました。が、一方、イギリスは周辺のアラブ諸国と手を組んで、シオニストを牽制《けんせい》する政策を取ったのです。そして、序々にユダヤ人がパレスチナへの移住することを制限し始めました。

イギリスの態度に失望したシオニストたちは、アメリカに助力を求め、ユダヤ国家をつくるべく、着々と準備を始めました。それ以降、第二次世界大戦後も、アメリカがパレスチナ問題のイニシアチブを持つようになりました。

イスラエル建国

第二次世界大戦以後、イギリスはパレスティナ問題から手を引きました。イギリスに替わって、アメリカとソヴィエトが「パレスティナ問題」の主導権を握るようになりました。両国は1947年、アラブ諸国の猛反対を押し切って、パレスティナをアラブとユダヤの二つに分けるという「パレスティナ分割決議」を行いました。

そして、1948年5月14日、ついにイスラエルの建国が成立したのです。その結果、多くのパレスティナ人が土地も仕事も奪われ、その結果パレスティナ人たちは、かつてのユダヤ人のように祖国を失い、難民となって周辺のアラブ諸国へ散っていったのです。パレスティナ人の中には、そこに踏み留(とど)まった者もありましたが、彼らは差別を受け、安い労働力を供給する者として抑圧を受けながら生活することを強いられるようになりました。

このような状況の中でアラブ諸国は建国を宣言したイスラエルに対して攻撃を始め、パレスティナ戦争（第一次中東戦争）が勃発《ぼっぱつ》しました。

2002年に向かって

それ以降、パレスティナ人による自爆テロがつづく今日まで、アラブ、パレスティナとイスラエルの間では激しい対立と紛争がつづいてきました。アラブ諸国の立場と彼らが置かれた状況、そして経済大国の野望と思惑…複雑に絡《から》み合うこれらが、問題を大きくし、対立や紛争を更に複雑にしているのです。

もっともっと、皆さまとご一緒にこれ以降のことを詳しく学びたいと考えていましたが、紙面が尽きそうです。これ以降の大きな流れを書きます。どうぞ参考になさって、皆さまご自身で調べてください。

1956年　エジプトが「スエズ運河」の国有化を宣言し、スエズ戦争（第二次中東戦争）が勃発。イスラエル、イギリス、フランスがエジプトを攻撃する。

1964年　アラブ連盟の主導のもとに、パレスティナ人は「パレスティナ開放機構」（PLO）を結成する。60年後半にはゲリラ闘争を展開する「ファタハ」の指導者アラファトが議長となる。

1967年　第三次中東戦争が起こる。イスラエルに内閣が生まれ、ダヤン国防相の指揮の許に、イスラエル空軍がエジプト、シリア、ヨルダンの空軍基地を攻撃した。この戦闘はイスラエルが「六日戦争」と呼ぶように、6日間という短い時間に、イスラエル軍はヨルダン川西岸、ガザ地帯を含むシナイ半島の全域、ゴラン高原を奪い取った。

1967年　国連の安保理事会は、イスラエルを含む中東のすべての国家の主権、領土保全などの保証を確信し、イスラエルのアラブ占領地からの撤退を求めたが、イスラエルは今日までそれを無視しつづけている。

1973年　エジプトとシリアがイスラエルを奇襲し、第四次中東戦争が始まる。この戦争で、アラブ石油輸出国機構（OAPEC）が石油戦略を発動し、世界的な石油危機、経済混乱が起こる。

戦闘はエジプト、シリア、イスラエルが米ソ共同提案による停戦と和平に関する国連安保理決議を受諾して停戦した。

1987年　ジャバリア難民キャンプでパレステ

ィナ人が暴動を起こし、イスラエル兵に少年が殺された。それをきっかけに、ガザとヨルダン川西岸の全域にパレスティナ人による暴動が広がった。

1988年　国連総会に出席したアラファト議長は、PLOによる「イスラエル国」の承認、テロ行為の放棄、国連決議（前述）の受諾を宣言した。しかし、聖地エルサレムを巡っての攻防は続く。

1993年　ワシントンで「パレスティナ暫定《ざんてい》自治協定」が調印された。しかしこの協定は、イスラエルとパレスティナとの合意ではなく、イスラエル政府とPLOの一部指導者との間の合意でしかなく、和平への第一歩となり得るためには、あまりにも多くの問題が残された。

1993年　妥協の産物であると考えられている「パレスティナ暫定自治協定」が結ばれた後、PLOの指導力は急速に弱まり、その中で「原理主義組織・ハマス」が生まれた。

1994年　ヨルダンがイスラエルと和平条約を調印する。

1995年　ラビン・イスラエル首相が「ユダヤ教原理主義者」に暗殺される。

1995年　「ハマス」や「イスラム聖戦機構」による爆弾テロが起こる。これより以降、爆弾テロが頻発するようになる。

1997年　イスラエルは凍結していた東エルサレムへのユダヤ人による入植を強行し、和平交渉は暗礁に乗り上げる。この間もテロがつづく。

「今、そしてこれから……」

皆さまもご存知のように、それ以降も、そして今も、紛争によって、多くのパレスティナ人が貧困と飢えと病（やまい）の中に在ります。そしてユダヤ人もまた、苦悩と困難を抱えているのです。

世界中の人々がユダヤ人とパレスティナ人が平和のうちに共存できる道を模索し続けている中で、1993年には、当時のイスラエルの首相ラビンとパレスチナ開放機構のアラファト議長が握手を交わし、「パレスティナ暫定自治協定」宣言に署名しました。

調印が終わったとき、ラビンがマイクの前に立って話しました。

「血も涙も十分に流しました。もう充分です。わたしたちはあなたがたにいささかの憎しみを抱いてはいません。復習したいとも願っていません。共に綴《つづ》ってきた悲しみの書物に、新しい章を一緒に開《ひら》こうではありませんか」

アラファトがつづけました。

「ここまで到達するには、途方もない勇気が必要でした。平和を確立して共存関係を維持してゆくには、さらに大きな勇気と決意が必要となるでしょう」

2002年、今彼らはさらに大きな勇気と決断を迫られています。

今から2000年以上も前、ユダヤの人々はモーセに連れられ、苦難の末に40年の歳月をかけて、海を渡り、砂漠を越えて「カナン」の地にたどり着きました。そこは…何者にも支配されず、自由で平和な生活…を約束された地でした。

先住民はユダヤの人々を暖かく迎え入れ、彼らは調和の内に共に暮らしました。

やがて長い歳月が経ち、ユダヤの人々は再びその土地から離散する運命をたどりました。

そして、残ったパレスティナの人々が守りつづけた土地で、今三度（みたび）夢を実現しようとして戻って来たユダヤ人…。

かつて創造主に「約束された地」は、すべての人にとって「約束された地」であったはずです。その土地は…すべての人が真理と調和と美の内に生きることができる…ことを約束された地であったはずです。

その「約束」を実現するのは、わたしたち世界全人類が果たさなければならない役割です。

わたしたちは互いに愛し、敬い、慈《いつく》しみ、知恵を出し合い、支え合ってその地を「約束された地」にしなければなりません。それが今、全人類に課せられた課題であります。

ユダヤ人とパレスチナ人が拝している神は、一つの神「創造主ヤハウエ」です。信仰している宗教が違っていても、同じ神を拝しているということを彼らが思い出し、彼らの神が彼らに何を望んでおられるのか、と問いながら、一日も早く「その地」を、真に「約束された地」とすることを願ってやみません。

おわりに

遠い訪れたことのない地中海のほとりの国々と、そこに暮らす人々を思いながら目の前には実に平和で美しい光景が広がっています。

つむじ風が舞っています。よく起こされて乾いた土を巻き上げながら…あそこに一つ、ここにも一つ、あっ、また一つ…つむじ風は突然生まれ、渦巻き、ぶつかり、離れ、勢いを増し、弱まり…やがて消えてゆきました。

すべては消え、すべては滅し、すべては死にゆく。だから…はかない、つまらない、さびしい…と、わたしは思いたくはありません。

今、わたしは9年生と一緒に「国語」の授業で「般若心経《はんにゃしんぎょう》」を読んでいます。そこに書かれているように、…いずれすべてが一つになるのなら、なにもしなくていい…とあなたは考えますか？

いいえ、いずれ世界のすべてが、そしてあなたとわたしが一つになるのだから、だから、今、一人の存在として在るあなたとわたしを大切にしたいのです。あなたとわたしの違いに苛立ち（いらだ）、違いを悲しみ、違いを厭（いと）うこともありますが…それでも違いを大切にし、認め、慈（いつく）しみ…わたしはあなたを敬（うやま）い、畏《おそ》れ、尊（とうと）びたいのです。

全世界の人と人が、愛し合い、慈しみ合い、尊び合い、敬い合って生きてゆくことのできる日が、いずれ訪れることを、私は確信しています。何万年、何千万年が経ち、わたしたちの精神が進化したときに…。それを可能にするために、皆さまと共に、これからもわたしは学びつづけたいと願っています。またどこかでご一緒に学びましょう。

皆さまの存在を心からありがたく、お礼申し上げます。本当にありがとうございました。

シュタイナー思想を生きる　わたしが出会った人 6

アジアにシュタイナー教育を広めるために

タイン・チュリーさん

最終回は、フィリピンで開かれた人智学会議で出会った、タインさんです。今、タインさん夫妻は、アジアにシュタイナー教育を広めるため精力的に活動をしています。大村さんの志とピッタリ一致する方向性、夢と実践が多くの共感者を呼ぶでしょう。

人智学をアジアへ

1998年10月、わたしはフィリピンのタガヤ市で行われた人智学会議に出席しました。ニカノール・ペルラス氏と彼の仲間が主催した「未来を創る」というテーマについて考えるその会議には、世界中から大勢の人が集まりました。フィリピンという地の利もあったためでしょうか、アジア各国からもたくさんの人が参加していました。

わたしがタイン・チェリーさんとはじめて会ったのはその会議の中でした。彼女は人の話に真摯《しんし》に耳を傾け、いつでも的確な発言をしていました。彼女の小柄な身体から闘志を感じました。これまでどれほど過酷な状況の中で生き、仕事をしてきたことか…黙っているときの厳（きび）しい彼女の表情からそれを窺《うかが》い知ることができました。

彼女がふとやさしい表情を見せることがありました。パートナーのベン氏の姿を遠くから見ているとき、そしてベン氏の顔を見上げるとき、気を許した人にだけ見せる心安らかで穏やかな顔が覗《のぞ》かれました。二人はどれほど信頼し、支え合っているのでしょう…強い絆（きずな）が感じ取れました。

タインとベンは、結婚してから人智学に出会ったと聞きます。それから30年近い年月を、彼らは共に学び、共に働き、人類と世界の進化のために尽くしてきました。実に素晴らしい同志です。

フランスからの独立戦争、そしてヴェトナム戦争…戦火の中で生まれ育ち、オーストラリアに新天地を求めたタイン。ヨーロッパに移り、アフリカに渡り、再びオーストラリアに戻ってシュタイナー学校を始めたタイン。そこで20年の間、シュタイナー教育と人智学運動に尽くしたタイン。今彼女の目はパートナーのベンと共にアジアに向けられています。

今ベンは台湾の大学でシュタイナー学校の教員養成の仕事を始めました。そして、タインは祖国ヴェトナムに戻り、親のない子どもたちのために「シュタイナー幼稚園」を始める準備をしています。その他にもフィリピン、タイ、インド…シュタイナー教育の芽が育ちつつあるアジアの国々には、必ずタインとベンの姿が見られます。

笑うとやさしさが身体中からにじみ出るタインが時折見せる厳しい表情から、過酷な運命を担っている祖国ヴェトナムの運命に添おうと、決めた彼女の強い心が窺（うかが）えます。

…「ひびきの村」には大きな可能性があるわ。こんなに若い人が集まっているんですもの！　古い殻《から》を脱ぎ捨てなければ、世界の人智学運動はだめになるわね。若い世代と早く交代しなければ！

ここで今勉強し、仕事をしている若い人たちが、いずれ世界を変えてゆくでしょう。ユウコ、楽しみねえ…

…わたしにも芸術活動をすることが必要なの。あなたの水彩画の授業に出てもいいですか？…と、真剣な眼差しで水彩画の先生に訊《たず》ねていたタイン。今頃、絵筆を握って子どものように色と戯（たわむ）れているでしょうか？　それとも、真剣な眼差しで絵筆を握っているでしょうか？

戦火の中で

わたしは１９４７年にヴェトナムのハノイ市で生まれました。父方（ちちかた）と母方（ははかた）

両方の親族が政府の高官でしたので、経済的にはとても恵まれた環境で育てられました。わたしには8人の兄弟姉妹がいましたが、一人ずつに乳母がつけられて、わたしたち兄弟姉妹は皆それぞれの乳母に育てられたのです。ですから、わたしには母親の温《ぬく》もりや、母親と一緒にいた記憶は殆《ほとん》どありません。

(兄弟姉妹とは一緒に遊ばなかったのですか?)

ええ、あまり遊びませんでしたね。わたしたちは会うことが殆どなかったのです。ときどき庭でぱったり出会ったりすると遊びましたが…。

素晴らしい邸宅に住み、美しい衣服を身に着け、おいしいものを口にし、欲しいものは何でも手に入る環境でしたが、わたしは子ども心にいつでも「寂しい」と感じていましたねえ。

(ヴェトナムは当時、独立戦争の最中でしたね。戦争はあなたの生活に影響を与えなかったのですか?)

ええ、戦いはいつでも町の外で行われていましたから…山村で暮らしていた人たちは大変だったと思いますが、町に暮らしていたわたしたちには、戦争の影響は殆どなかったのですよ。

さて、そんな裕福で贅沢(ぜいたく)な生活はわたしが7歳のときに終わりました。1954年、革命軍が勝利を勝ち取り、政府が倒されたからです。わたしとわたしの家族は、他の高官たちと一緒に、政府が用意した最初の飛行機に乗り込み、ホーチミン市へ逃げました。そこで、3年間難民キャンプで暮らしました。父には第2夫人がいて、その間に4人の子どもがいました。彼らも一緒に逃げて来ましたから、わたしたちのキャンプ生活はとても賑(にぎ)やかでしたよ。

わたしはキャンプ生活をとても楽しみました。それまでは、広い家で両親や兄弟姉妹と顔を合わせることも少なく、いつでも乳母と二人だけで過ごしていたのに、キャンプでは一つの部屋に13人の子どもと両親、第二夫人の16人がいつも一緒に暮らしていたのですから! それに、家の外に出たらいつでもたくさんの子どもたちが遊んでいましたし…。

けれど、キャンプ生活が始まってすぐに、父の第二夫人が亡くなりました。ですから、それからは彼女と父の間に生まれた4人の子どもたちを、わたしの母が育てることになったのです。あんな大変な状況の中で13人の子どもを育てることは、それはそれは困難なことだったと思います。

わたしが10歳のとき、わたしたち家族は難民キャンプから出て市内で暮らすことになりました。町で商売を始めた母が生活を支えました。父はまったく変わってしまった環境に順応できず、だんだん無気力になりました。そしてお酒に溺《おぼ》れるようになって、生活を支えきれなくなったのです。母は商売の才覚があったのでしょうか、店はとても繁盛しました。子どもたちもずいぶん手伝いましたよ。

(どんな商売だったのですか?)

売れるものなら何でも売っていました！　食料品から雑貨まで…。母はずいぶん儲(もう)けていたようです。で、わたしたちは生活に困るということがなくなりました。勿論、以前のような大邸宅に暮らすことは二度とできませんでしたけどね…。

そうして、わたしたちはようやく学校に行くことができるようになったのです。

(そんな状況の中でも、教育はつづけられていたのですね)

ええ、そうですね。でも、勉強は実際的なことばかりでしたよ。学校では芸術的な授業はまったくありませんでしたね。読む、書く、計算することばかりでした。美術の授業も、音楽の授業も、手芸の授業もありませんでした。

けれど、わたしは美しいものが好きでした。ですから国語や算数のノートに絵を描いたり、飾り文字を使ったり…今思うとフォームドローイングのようなことをしていたのですね。勿論、だれに教えてもらったわけでもありません。自然とそんな風に描いていました。美しいものは、教えられなくとも子どもの中に在るんですね。先生は機会があると、わたしのノートを展示していました。

だれもわたしを分かってくれない

中学を終えて、高校に進むと、わたしたちは大学受験のための勉強ばかりをさせられました。つまらなくてつまらなくて…。そんな中で、わたしは自分に目覚め、世界に目覚めていったのです。

「わたしはどうしてここにいるの？」「何のために生きているのかしら？」「家族っていったい何なのだろう？」「どうして人はこんなにお金儲を儲（もう）けることばかり考えているの？」「人は何のために戦争をするのかしら？」

…知りたいこと、理解したいことが山ほどありました。けれど、そんな話をしてもクラスメートはみんなポカンとするだけ…そんなことには無頓着で、無邪気で楽しそう…だれもそんなことで悩んでいる様子はありませんでした。

先生に訪ねても、先生は「わたしの問《とい》」を無視しました。母は忙しくて「わたしの問」にかかずり合っている暇はないようでした。ですから、わたしはたくさんの問を抱えて、ただただ途方に暮れていたのです。

だれにも答えてもらえないことが分かったので、わたしは本を読み始めました。文学、思想、哲学…手当たり次第読みました。殆どの本は英語とフランス語で書かれていましたから、英語とフランス語を必死になって勉強しました。本に書いてあることをどうしても理解したいと思ったのです。

わたしが好きだった作家はビクトル・ヒューゴーでした。「レ・ミゼラブル（ああ無情）」は繰り返し繰り返し読みましたねえ。それからサン・テグジュペリの「星の王子さま」が好きでした。それから…中国の歴史物語で、たくさん武将が出てくる、長い長い物語…何というタイトルでしたっけ？

（「三国志」じゃありませんか？）

そうそう、そうだったわ。ユーコ、あなたもあの物語気に入っていたの？

（ええ、あの長い長い物語を読んでいる間中、わたしは、はらはらどきどきしていたわ…大好きだったんですよ！）

…女の子が本を読むなんて！　…当時ヴェトナムでは、そんなことまったく必要のないことだと考えられていたのですよ。ですから、わたしはいつでも隠れてこっそり読んでいました。わたしの夢は…本を自由に読むことと大きな本棚を持つこと…でした。…大人になって、自分の家を持つことができるようになったら、絶対に大きな書棚をつくろう！…そう思っていましたよ。

（ああ、だからあなたはわたしの部屋に入ってすぐに、…ユーコ、良い本棚を持っているのね…って言ったのですね）

ええ、そうなの。どこに行っても本棚に目がいってしまって…

ともかく、そんな訳で、わたしはだれにも答えてもらえない「問《とい》」を抱えて、懸命に本を読みつづけたのですよ。いつか、どこかで、答えに遭遇《そうぐう》するに違いないと信じて…。

わたしは孤独でしたねえ。いつもいつも独りぼっちで、寂しい心を抱えていました。

（心を許せる人はだれもいなかったのですか？）

わたしは母をとても尊敬していましたし、大好きだったのですよ。けれど、母はまったくわたしを理解してくれませんでした。そしていつでも自分の考えややり方をわたしに押しつけようとしました。ですから、母とわたしはよく対立していましたし、決して良い関係を持つことができませんでした。


兄弟姉妹の中では、すぐ下の妹と仲良くしていました。彼女はわたしの話を聞いてくれた唯一の人でした。わたしがどんなことを考えているのか、彼女が理解していたかどうかは分かりませんが…それでも、彼女はいつでもわたしの話を静かに聞いてくれましたね。そんなわたしは学校でも、家庭でも異邦人でした。だれもがわたしを「変な子」「おかしな子」「分からない子」と言っていましたよ。

（思春期には、だれでも人生に対する問を持つものなのに…。あなたがそんなに変わっていたとは思えませんのに…ね）

ええ、それにはもう一つ理由があったのですよ。わたしはみんなよりずっと背が高くて身体が大きかったのです。ですからどこにいても目立ちました。それがいやでいやで、わたしはいつでも背中を丸めて目立たないようにしていましたね。

そのことも、わたしが生きにくいと感じていた原因の一つだったのだと思います。

（わたしの身長は159センチですが、あなたの身長はわたしと同じくらいじゃありません？　それでも大きかったのですか?)

ええ、ヴェトナム人はとても小さいのですよ。

ヴェトナム戦争の中の学生時代

(その頃、あなたの国ではずーっと戦争がつづいていましたね。あなたはどうしていたのですか?)

前にも話しましたが、戦闘はもっぱら山村で行われていましたので、わたしたちが住んでいたハノイ市は戦争の影響を殆ど受けませんでした。ゲリラが隠れ住んでいたのは町中ではなく、農村でしたから…。ですから、農民は大変な犠牲を強いられていましたねえ。

戦禍の中で親を失った子どもたちが、町へ出て物乞いをしていました。アメリカ兵に向かって手を出している彼らの姿を見るのはとても苦痛でした。悲しくて、悔《くや》しくて…心を痛めてでも、わたしは目を背(そむ)けるだけで何もできませんでしたから…。

ヴェトナム戦争は、ヴェトナム人のわたしたちから人間としての尊厳と誇りを奪い去りました。アメリカ人の振る舞いを見ていると、彼らがわたしたちヴェトナム人を彼らと同じ人間だと考えているとは到底思えませんでした。彼らはわたしたちを見下し、軽んじ、貶(おとし)めました。

彼らがわたしたちを敬(うやま)い、尊(とうと)ぶことがなかったのは…わたしたちが貧しいから、身体が小さいから、英語を話せないから…だったのでしょう。彼らがわたしたちを侮(あなど)ったそのすべての理由は、単に物質的なことですね。ですから問題が起きるたびに、彼らはすべてをお金で解決しようとしていましたよ。

政府は…極悪非道な共産主義を倒すために、アメリカが我々を助けてくれているのだ…と喧伝《けんでん》していましたが、子ども心にも、わたしは…それは違う!…と感じていましたねえ。

オーストラリアへ

高校を卒業したわたしは、すぐにオーストラリアへ留学しました。

…ヴェトナムの再生のためには、教育を充実させることが必要不可欠である…と考えた先進5カ国

（アメリカ、ニュージーランド、イギリス、カナダ、オーストラリア）が、コロンボ政策を実施していました。ヴェトナムの学生を自分たちの国々へ招いて教育を施す、という政策です。

高校3年生になったとき、わたしは…この先どうしようか？…と考えました。絵を描くことが好きだったので、わたし自身は美術学校へ進みたいと思いましたが、それを母に話すと一蹴（いっしゅう）されました。母はわたしに薬剤師になるようにと奨《すす》めていたのです。勿論、お金と名誉のためです。

わたしのクラスメートの多くは留学することを考えていましたが、わたしは…わたしには到底無理だ…と思っていました。まだ大勢の幼い妹弟がいます。商売に成功したとはいえ、母は未（いま）だに一人で頑張っているのです。…家に残って母の手助けをしなくちゃ…とわたしは思っていました。

ところがある日、わたしの内でふと「外国へ行こう！」という考えが生まれました。まったく脈絡《みゃくらく》もなく、突然そう考えついたのです。こういうのを閃（ひらめ）きというのでしょうか？

わたしはその考えに従うことに決めました。何の根拠もなかったから、だからそう決めたのです。理由もなく…それが正しい…と感じたのです。…わたしの考えでもなく、ましてやわたしの周囲のだれの考えでもない、だから正しい…と感じたのです。おかしいですか？

今思ったらそれは直感（インテュイション）だったのですね。今では勿論、わたしの「高次の自我の導き」だったのだということがよく理解できますよ。

留学試験の結果が良くなかったので、わたしはオーストラリアに行くことになりました。というのは、留学先も成績順で決められたのです。一番希望者が多い国がアメリカで、次がイギリス、カナダ…オーストラリアは4番目でした。そうなのです。成績の良い順に留学先が決められたのですよ。

そんな訳で、わたしはオーストラリアに行きシドニー大学へ入学しました。

最初の1年間は授業にまったくついてゆけませんでしたね。そのときヴェトナムからオーストラリアに留学した学生は、わたしを入れて5人でした。けれど、シドニー大学へ入学したのはわたし一人、他の人は遠い町の大学へ行ったのでシドニー大学にはヴェトナム人留学生は2人しかいませんでした。とても寂しかったです。わたしは恥ずかしがりやで、自分から人に話しかけることができませんでしたから、いつまで経っても友だちができなかったのです。

けれど、わたしは自由でした！　何よりも何よりも、母から自由になったことが嬉しかった！

離れてみて…わたしはこんなにも母に縛《しば》られていたんだ…と改めて感じました。

ある日海辺を一人で散歩していたとき…ああ、わたしは自由なのだ！…という思いが突然こみあげてきました。空を見上げると、大きな太陽がきらきらと輝いていました。海はどこまでも広がっていました。カモメが軽やかに飛んでいました。風が笑いながら通りすぎてゆきました。

そこにはわたしを縛《しば》ろうとするものが何もありませんでした。

母の死

当時、ヴァトナムから来た留学生の殆《ほとん》どが、支給された奨学金を国の家族に送っていました。わたしも母を喜ばせたくて、懸命に節約して家に送金していましたよ。それが留学する目的の一つでもありましたから…。

わたしが20歳のときでした。留学生活も3年が過ぎ、英語も理解できるようになったし、生活にも気候にも馴《な》れてきて、わたしは…一生ここで暮らしてもいいなあ…と思うようになりました。

そんなとき、…母が亡くなった…という報せが届きました。…母が死んだ！　あの母が死んだなんて！　それも9ヶ月も前に！…

…タインには9ヶ月経ったら知らせるように。そうしないと彼女はすぐに戻ってきてしまうから。一度戻ってきたら、あの子は二度とオーストラリアには戻らないでしょうから。そんなことをさせてはダメ。彼女は大学を卒業して成功しなくちゃならないのだから…それが母の遺言だったそうです。

…母が死んだ！　母がこの世からいなくなった！

もう母に二度と会うことができない！…

わたしはその思いに押しつぶされそうでした。わたしは感じることも考えることもできなくなってしまいました。わたしはただ、ただ、呆然《ぼうぜん》と座しているだけでした。わたしはすっかりアイデンティティーを失ったように感じました。今どこにいて何をしているのか、そしてこの先、どうやって生きていったら良いのか分かりませんでした。

それまでは何をするにも母の許しが必要でした。反対されたにしても、最後には母の許しが必要だったのです。ですから母から許してもらうために、わたしは必死になって考え、話しました。母に分かってもらうために、わたしはいつでも最大の努力を払いました。母に認めてもらうために、わたしはできる限りのことをしました。いつでも限界まで挑戦しました。

わたしが何かするためには、…どうしても母に認めてもらわなければならない…そのプロセスが必要でした。そのプロセスを経ることでわたしの考えははっきりし、わたしの決意が固まったのでした。

わたしには母が必要でした！　それなのに、母はもうこの世にはいない！

母の死から受けた衝撃は、わたしの人生最大のものでした。52歳の今になるまで、母の死から受けた衝撃ほど強いものは他にはありませんでしたね。

結婚する

それでも、時間は過ぎ、現実の生活は毎日つづきます。こんな苦渋《くじゅう》を味わいながら、わたしは哲学と教育学を勉強し、その傍（かたわ）ら読書に没頭し、そして、大学を卒業しました。

母のいないヴェトナムへ帰る理由は、わたしにはありませんでした。そして深く考えることもなく、そのときわたしの目の前にいた人と結婚しました。オーストラリアで暮らしつづけるためには、結婚することが一番早道だったのです。

それから2年経った頃、妹が研修に来てわたしの家に3ヶ月滞在しました。彼女がヴェトナムに帰る日が近ずくにつれて、…わたしも帰りたいなあ…と思うようになりました。そして、わたしは妹と一緒に国へ帰りました。

それは1969年のことでした。戦争はまだつづいていました。先が見えない泥沼を進んででもいるような様相でした。わたしが国を出た頃より、状況はますます酷《ひど》くなっているようでした。

けれど、わたしは政治にも経済にも無知で、無関心でした。わたしの自我はまだ十分に目覚めず、まどろんでいたのでしょう。そんなわたしのまどろみを破った人がいました。それがベン・チェリーです。彼は当時、ジャーナリストとして記事を書くためにヴェトナムに滞在していました。

ある日キャフェで本を読んでいると、隣のイスに腰掛けていた彼に話しかけられました。それ以来顔を合わせるたびに話をし、わたしたちは話すたびに親しくなってゆきました。彼はわたしにヴェトナムの情勢について話してくれました。わたしはイギリス文学について話をしました。お互いに自分の国について知らないことを熱心に聞き合いました。それに気がついたとき二人で大いに笑って…おかしいですね。それからわたしたちはすっかり打ち解けたのですよ。ベンはヴェトナム語を話し、ヴェトナム人が着る衣服を付け、笠をかぶって…わたしは洋服を着てタバコを吸い、英語を話し…おかしなカップルでしたよ。

わたしはオーストラリアに残してきた夫と離婚すると決めました。それを聞いてわたしの家族はとても怒りました。そしてほとほと呆《あき》れていましたね。だって、大学を卒業したと思ったらオーストラリア人と結婚してしまってヴェトナムには帰って来ないし…。ようやく諦《あきら》めて結婚を許そうと考えていたところに帰ってきて…今度は離婚して、イギリス人と結婚すると言い出したのですから！　その上、当時はベンも結婚していたのです。

そうこうしている間に、反戦記事を書きつづけていたベンはアメリカのＣＩＡに目を付けられ、いつも監視されるようになっていました。そして、ついにある日、国外退去を命じられました…24時間以内に国外退去するように…というのです！

彼は直ぐに出国し、彼を追ってわたしも国を出ました。そしてタイのバンコックで落ち合い、わたしたちは彼の郷里であるイギリスへ渡ったのです。

ベンと共に暮らす

ベンの家族は貴族でした。お城のような彼の家での暮らしは、まるで「アーサー王」の物語のようでした。わたしはとても幸せでした。

わたしたちの最大の課題は…これから何をするか決める…ことでした。そして、わたしたちは…何か…を探すために、当（あ）てのない旅に出ることにしたのです。

まず、わたしたちはイタリアに向かいました。そしてそこに1年間滞在し、ハンディキャップを持つ子どもたちが暮らす家で手伝いをしました。

次にギリシャに行きました。わたしたちはエーゲ海に浮かぶセントウニという小さな島で暮らしました。海に面した小高い山があり、わたしたちはその崖の下の小さなキャビンに住んでいて、毎日夕方になると、海に沈む太陽を見るために崖《がけ》を登りました。

その島の人たちはわたしたちを異邦人とは感じていないようでした。そこには古い秘儀が残されており、ベンとわたしはその島に深い繋《つな》がりを感じたのです。

それからしばらくして、わたしは身ごもっていることを知り、イギリスへ戻って子どもを生みました。子どもを持つことによって、わたしたちは多くの恵みに与（あずか）りました。感謝と幸せに満たされた日々でした。

それでもわたしたちは…何か…を見出すことができませんでした。わたしたちはボートを買い、運河を旅することにしました。…何か…に出会うために。

ボートの舳先（へさき）をバースという町へ向けていたときのことです。突然、運河が途切れてしまいました。人に訊《たず》ねると、…第二次世界大戦のときに爆撃を受けて埋《う》められてしまい、そのままになっているのだ…ということでした。

もう、それ以上はボートで進むことができませんでした。ベンはがっかりして、声も掛けられないほど落ち込んでしまいました。けれど、立ち往生したボートに乗ったまま運河に留まっているわけにはいきません。わたしたちには子どもがいるのです。それに、警官が来て…立ち去るように…と告げられましたし…。

新聞を読んでいると、求人欄に…ブリッジハウス・ホームスクールがオーガニックファーマーを募集している…という文字が目に留まりました。そこはハンディキャップを持つ子どもたちの学校だということです。

ベンもわたしも「オーガニック農業」ということばをはじめて聞きました。それでもベンは心を惹《ひ》かれ、応募すると行って出掛けて行きました。

行ってみると、…2日間広告を出したけれど、一人も応募する人がいなかったので、イスラエルから人を呼ぶことにしました…と事務所の人が告げました。

それから10日経った頃でしょうか、学校から…働いて欲しいと…いう連絡がありました。何かの手違いで、イスラエルからは人が来ないことになったということでした。

こうして、わたしたちは「キャンプヒル」…そう、そこは「キャンプヒル」だったのです！　…で暮らすことになりました。ベンは農場で働き、子どもたちに勉強を教えました。わたしは料理をし、子どもたちの世話をしました。

こうしてわたしたちは「人智学」と出会い、「人智学」を学び、「人智学」に生きる…人生を歩み始めたのです。これがわたしたちが長い間探していた…何か…だということはすぐに分かりましたよ！

不思議ですねえ。それまで「人智学」という名をまったく聞いたことがなかったし、本も読んだこともなかったなんて！　ベンは学者で、あらゆることに造詣《ぞうけい》の深い人ですし、わたしは読書が好きでありとあらゆる本を読んでいましたのに…。

ブリッジハウス・ホームスクールには2年いました。その間、わたしたちは「人智学」に強く惹《ひ》かれてゆきました。

「人智学」を生きよう

その頃、長く、本当に長くつづいたヴェトナム戦争が終わりました。共産主義政府を嫌って、大勢のヴェトナム人が世界中に散ってゆきました。イギリスにも大勢のヴェトナム人が次々とやってきました。彼らには助けが必要でした。

ベンとわたしはすぐにブリッジハウス・ホームスクールを出て、難民キャンプに向かいました。彼らを助けることが、わたしたちの役割だと確信したからです。ソップリキャンプという難民キャンプで半年働いた後、わたしたちはハイスに移って新しいキャンプを開きました。そこで2年の間100人のヴェトナム人と暮らし、ことばを教え、生活や習慣に馴《な》れるために助け、職業訓練をし、仕事を探し、そして子どもたちのために学校を開きました。

わたしたちは「キャンプヒル」での経験を生かして、「人智学的」に仕事をしたいと考えました。子どもたちには勿論、シュタイナー教育をしました。

そのキャンプがあった町はハイスという小さな町でしたが、町中の人がわたしたちを支えてくれました。その町の人々は、難民が抱えている困難や苦痛を、まるで自分のことのように感じていました。そこは、真の「共同体」でした。わたしたちは「共同体」で人が共に生き、働くということの素晴らしさを体験させてもらいました。

キャンプで暮らしていた人たちが自立して、みんなが去り、そのプログラムは2年で終わりました。

「人智学共同体」を求めて

そのとき、わたしたちの子どもは4歳6ヶ月になっていました。イギリスでは学校へ入学する年です。

私立の学校へ入学した幼い息子が、紺色の制服を来て、イスに腰掛けて姿勢を正したまま、先生の話を一心に聞いている姿を見たとき、わたしは…ここは違う！　彼がいる場所ではない！…と感じ、その日に学校をやめさせました。

わたしたちは彼に相応《ふさわ》しい学校を探す旅に出ました。勿論、シュタイナー学校です！

ヴァン（車）に荷物を積み込んで、わたしたちはイギリスを出発しました。ドーバー海峡を渡り、ヨーロッパを縦断し、砂漠を抜けて、わたしたちは南アフリカに向かいました。息子は6歳の誕生日をサハラ砂漠の太陽の下で迎えました。ヴァンの後の席は彼一人のための幼稚園となりました。わたしはキャンプヒルで見たり、聞いたり、手伝ったり、勉強したように、息子のためにシュタイナー幼稚園の先生をしたのです。ケープタウンにはコンスティア・シュタイナー学校があり、息子はそこに入学しました。ベンとわたしもシュタイナー学校の教員養成プログラムで学び始めました。

けれど、ケープタウンはあまりにもアパルトヘイト（白人至上主義の人種差別）が強くて、毎日が苦難と悲しみの連続でした。どこに行っても白人と色のついた人種は差別されるのです。ベンが行ける所に、わたしと息子は行くことを許されません。あまりにも悲しい現実です。

わたしたちはオーストラリアに移住することを決めました。わたしは以前結婚したときに、市民権を取っていたので、そこで暮らすことは可能でした。それに、オーストラリアはわたしが人生で最初に「自由な生活」を体験したところです。

わたしたちはシドニーに居を定めました。ある日バウロ市に住んでいる友人を訪ねました。その友人が突然…シュタイナー学校を始めたい…と言い出し、わたしたちは、友人の子ども一人とわたしたちの息子一人…二人の子どものためにすぐ始めましょう！…と意気投合しました。

わたしたちはすぐにバウロ市に引っ越しました。1982年の11月のことです。翌年の2月に学校を始めることに決め、わたしたちはその前に2回「シュタイナー教育」の講演会をしました。すると、次々に賛同者が現れ、幼稚園には10人が、小学校1年生には9人の子どもが入学を決めました。

（園舎や教室はどうしたのですか？）

ありがたいことに、まったく蓄えがなかったわたしたちの周りには、好意を持った人たちが集まってきました。でもユーコ、最初に…寄付しましょう！…と言って差し出されたのは10ドル札1枚でしたよ。ありがたいことに、それが引き金となって、次々とお金が集まり、小さな家を借りることができました。勿論、改装はすべて自分たちの手でしましたよ。ユーコ、あなたがたの学校もそうやってつくったのでしょう？

アジアに広がるシュタイナー教育

こうして始められた学校には幼稚園も含めて、今210人の子どもがいます。

ベンとわたしがそこで仕事を始めて、もう20年になります。10年経った頃でしょうか…、アジアの国々のあちらこちらから、精神科学に生きようとする人と、シュタイナー教育を目指す人の声が聞こえてくるようになりました。そして人智学を生きる人々によって、「アジア太平洋会議」が開かれるようになりました。ユーコ、あなたとはそこで出会ったのでしたね。

…シュタイナー学校を始めたいと思っても、教員がいません…それが、アジアでシュタイナー学校を始めようと考えている人たちが最初にぶつかる深刻な問題だということに、ベンとわたしは気がつきました。

…バウロの学校は軌道に乗り、わたしたちがいなくともやっていける…必要とされることは、それに気がついた人がしなければなりません。ベンとわたしはアジアにシュタイナー教育を広めるために働こうと決心しました。

タイ、フィリピン、インド、台湾、ヴェトナム…で、シュタイナー学校が始められています。わたしたちの活動をオーストラリアのシュタイナー学校の父母たちが支えてくれています。わたしがヴェトナムで始めようとしている…孤児と路上で生活している子どもたちのためのシュタイナー幼稚園…を支えるために、彼らは今懸命に資金を集めています。

ユーコ、話を聞いてもらって気がついたと思うけれど、わたしはこれまで…計画を立ててから物事を始める…という経験がないのですよ。

いつでも…わたしがしなければならない…という状況に置かれるのです。ですから「わたしがする」しかないのです。

ヴェトナムの状況は酷《ひど》いものです。人は「考える」ということができません。長い間つづいた戦争、その後の不安定な生活がそうさせたのでしょうか？

これからの道のりが、容易《たやす》くないのは分かっています。けれど、これはわたしの役割ですから…。

（わたしにも手伝わせてください。あなたがおっしゃるとおり、ここには高い志を持った若い人が大勢います）

ありがとう！　本当に期待しているわ。若い人たちの働きを…。

タインの心のこもった授業は、受講生の心を打ち、タインと彼らの結びつきは日に日に深まっています。こうしてつくられる心と精神における強いつながりが、いずれアジアの貧困と飢えと病苦に立ち向かう力となるに違いありません。

その日を想って、今日もわたしはタインと共に仕事をしています。

さいごに

皆さま、最後まで読んでいただき本当にありがとうございました。わたしを真に「生きること」に目覚めさせてくれた「人智学に生きる」友人たちの人生の一端を知っていただく機会を与えられたことに、心から感謝いたします。

わたしの心の中に棲みつづけ、愛と光と熱い力を与えてくれている人は、まだまだたくさんいます。いつか皆さまに彼らを知っていただけたら…と願っております。

…だれにでも「その時」は訪れ、探しつづけていればいつかは「何か」に出会うことができる…ということに、きっと皆さまは気がつかれたことと思います。皆さまにも必ず…「その時」は訪れ、「何か」が見える…ということを信じてください。

わたしの友人たちが彼らの歩んできた道を示すことによって、皆さまが希望の光を持ちつづけることに少しでも手助けできたなら、こんな嬉しいことはありません。

人生を意味深いものにするためのエクスサイズ

精神的な生き方を始める　「35歳から42歳まで」

これからあなたが歩いていく道には、三つの落とし穴があります。「いいひとになろう」という穴。「だめなわたしを悲観する」穴。「自分勝手に生きる」穴。あなたには、それらが見えますか。人生の第6期は物質的な生き方に、精神的な生き方に変わる時、「精神の浄化」、「精神の世界」へと歩む時なのです。

人生の危機をくぐりぬけて

人生の大きな危機をくぐり抜けて…あなたは今、ほっと一息ついているでしょうか？　よくがんばりましたね。よかった！　本当によかった！

もうここまで…と思い極めたこともあったでしょう。これ以上もう一歩も進むことはできないとへたり込んでしまったこともあったでしょう。泣いて泣いて…涙が涸《か》れてしまったことがあったかもしれませんね。

でもよかった！　こうしてまた元気で会えて…。

「祐子さん、わたしはまだトンネルを抜けきっていないのよ。まだ暗闇の中にいるのよ。どちらに向かって歩いていったらいいのか皆目（かいもく）見当もつかないのよ」

そうおっしゃっているあなたも、だいじょうぶですよ！　心細かったら、あなたが心から信頼する人の名を呼んでみてくださいな！　声を出して呼ぶのです！　たとえその方が遠くにいても、もう、長い間会っていなくとも、精神界にいても…懐かしい、会いたい、声が聞きたい、話したい…とあなたが心から思う人の名を呼んでください…。必ず応えが返ってきますよ。

「そんな人がわたしのそばにはいないの…」とおっしゃるなら、わたしを呼んでくださいな！　わたしはここにいますよ。この3年間あなたと一緒に勉強をつづけてきた大勢の仲間と一緒に！　いつでもあなたの傍《かたわ》らにいます。

さあ、立ち上がってこちらへ歩いていらっしゃい。ここにはあふれるように光が満ちていますよ。気持のよい風が吹いていています。白い雲もゆったりと流れていています。花が咲き、鳥も鳴いていますよ。

みんな待っています。怖がらず、ゆっくり。…さあ、一歩一歩、確かめながら…歩いていらっしゃい！

暖かく清らかな気に満たされた、光かがやく祝福された場所に出るまでもう一息ですよ！

悲しみの内に共にいてくれた人

33歳から42歳まで…わたしが冷たく、暗く、長いトンネルをようやくの思いでくぐり抜けたのはずいぶん前のことなのに、つい1，2年前のことだったように思えます。

辛く、苦しいこの時期をやり過ごすことができたのは、身も心も捧《ささ》げてわたしのそばについていてくれた人たちがいたからでした。そして、そのとき、彼女たちの愛によってわたしの運命は大きく変わったのです。

…できることなら、いつもあなたのそばにいてあなたを励まし、勇気づけ、そしてあなたの悲しみの内に、あなたと共にいてくれる人がいたら…あなたは救われるでしょう。

ルドルフ・シュタイナーはこの辛い時期を無事に過ごすために、こんなふうに言っています。

思い起こすと、あの時期にわたしの傍（かたわ）らにはふたりの友人が寄り添っていてくれました。そして文字通り、彼女たちはわたしの苦しみ、悲しみ、憤《いきどお》り、やるせなさ、悔《くや》しさ…の内にわたしと共にいてくれたのでした。

一人は高校時代の同級生でした。彼女はわたしが母にそっくりだと言いました。

母のことを話すことはわたしにとってとても辛いことですが…母は人を外側で判断しました。身なり、家柄、学歴は勿論《もちろん》のこと、挨拶の仕方、立ち居振る舞い、話し方、言葉遣い…そういうことで、彼女はおつきあいする人を決める人でした。

自分がいちばん可愛いくて、自分をいちばん大切にしていた人でした。誉《ほ》められることが好きでした。母にとって良い人とは、彼女を良く評価する人でした。少なくとも母の目の前では彼女を褒《ほ》め称《たた》え、彼女を敬い、彼女に従う人を彼女は「良い人」と呼ぶのでした。そして、彼女はそんな人が大好きでした。

幼いころ、わたしはそんな母の在り方に気づきませんでした。美しいものを好み、美しいものをつくり、美しいものに囲まれている、美しい母をわたしは愛し、心から慕っていました。

小学校の高学年になるころ、わたしは母の在り方をなんとなく「おかしい」と感じるようになりました。中学生になるとそんな母を疎《うと》ましく思うようになりました。そして、高校生になると肺結核を患《わずら》って入院したことをきっかけに、わたしは母から離れていったのでした。それでも心の底では母を慕い、母を愛している自分がいることを、わたしは知っていました。

そんな母の在り方に、「あなた、そっくりだわ」と友人は言います。そして、彼女はわたしの在り方を厳しく指摘するのでした。

わたしが話す一言一句に注意深く耳を傾けながら、彼女は言いました。「ほら、そのことばがあなたが自惚（うぬぼ）れていることを証明しているのよ」「ね、それがあなの自己愛を表していることばなのよ、分かる？」「あなたはさっきからずーっと自分のことばかり話しているわ」「今はわたしのことを話しているのよ。それなのにあなたはまた話題を自分のことに移してしまう！」「わたしの話を聞いているの？　あなたはまた自分のことを考えていたんじゃない？」

そう言われつづけ、情けなく、悲しく、悔《くや》しかった！　そして打ちのめされました。指摘されることが恐しくて、ある日わたしはとうとう口が利《き》けなくなりました。

わたしはこんなに嫌な人間だったのだ。こんなに卑《いや》しかったのだ。こんなに情けない生き方をしていたのだ。わたしは知らなかった！　わたしがこんなにどうしようもない人間だったとは…。

生きていていいんだろうか？　わたしは生きる価値があるのだろうか？…わたしは追い込まれ、追いつめられました。そして、こんな在り方をしているわたしは生きている意味がない、と思いつめていました。

わたしの苦悩の内に共にいてくれた彼女が、そんなわたしの様子に気づかないはずがありません。…「どうぞ祐子を救ってください。彼女が救われるためなら、わたしの生命を差しあげます」、って祈ったのよ。いいのよ、わたしは家族がなくて一人だから…わたしが死んでも悲しむ人もそうはいないしね。でもあなたはちがうわ。子どもがいるもの…あの子たちのためにも生きていてもらわなくちゃ困るもの。だれかがあなたのためにそう祈らなかったら、あなたは本当に死んでしまうと思ったのよ…

ずっと後になって、彼女はそう話してくれました。わたしは本当に危なかったのです。そうなのです。あのとき、彼女が自らの生命をなげうつ覚悟をしてくれたことによって、わたしは救われたのでした。それは紛《まぎ》れもない事実なのです。わたしには分かります。

わたしのために生命を抛（なげう）ってくれる人がこの世にいたのだ…ありがたくて、ありがたくて…生命の熾（お）きに、ふっと息が吹きかけられて火がついたかのようでした。すっかり消えてしまったと思っていたのに…。そのとき、冷えきっていた心の隅に、わたしは少しだけ温かみを感じたのでした。

翻（ひるが）えって我が身を見ると、他者のために生命を抛《なげう》つ…なんて！　そんなことはとんでもないことでした！

自分の望みを達するためなら、わたしは我が子をも苦しめ、辛い思いをさせ、泣かせていたのでした。そして、いちばん大切な人を蔑（ないがし）ろにし、貶（おとし）めていたのです。それなのに、そんなわたしを救おうとして、彼女は自分の生命を投げ出すと、言ってくれたのでした。

衝撃でした！　わたしの生き方となんと違うこと

か！

もう一人、わたしのそばにいつもいてくれた人がいました。その人はわたしが何をしても、何を言っても咎（とが）めもせず、批判もせず、責めもせず、ただただ黙ってそばにいてくれました。

…自分を許したらいいのよ。自分を許すことができたら人を許すことができるわ…。自分を愛しなさい。そうしたら人を愛することができるようになるわ…。

彼女は繰《く》り返しくりかえし、そう言い続けたのです。嘆き、悲しんでいるわたしに、ただただ同じことばを繰り返すのでした。そして、立ち上がれないわたしに代わって子どもの世話をし、家事をしてくれたのでした。

こうして…いつもあなたのそばにいてあなたを励まし、勇気づけ、そしてあなたの悲しみの内に、あなたと共にいてくれる人がいたら、あなたは救われるでしょう…というシュタイナーのことば通り、わたしの傍《かたわら》らにはいつでも彼らがいて、わたしを助けてくれたのでした。

勇気は意志の行為である

こうして深い絶望の淵《ふち》からなんとかはい上がろうとしていたわたしに、母と向き合う機会が与えられました。それはわたしが39歳のときでした。

厳しく指摘する友人に促されて我が身を振り返ると、あれほど「イヤだ、イヤだ」と思っていた母の在り方に、わたしはそっくりでした。

わたしが「いい人ね」と言う人は、わたしにとっていい人、わたしにとって都合の良い人、わたしの好みの人でした。立派な挨拶ができる人、耳障《ざわ》りの良いことばを話す人、教養のある話をする人を、わたしは好もしく思っていました。だらしのない様子や、センスの悪い服装をしている人を敬遠していました。わたしは内面より外側を大事にしていました。わたしは本質を生きてはいませんでした。

我が子に対しても同じでした。わたしは二人の息子を心から愛していると思いこんでいましたが、わたしが子どもを可愛いと感じるときは、彼らが自分の思い通りになったときだけでした。わたしの言うことを聞かないときは「イヤな子」と思っていました。わたしは彼らをいつでもわたしの思うままにしたいと望んでいました。

それは子どもに対してだけではありませんでした。わたしはわたしの周囲にいるだれをも支配しようとしていました。わたしは、だれをも自分の意のままにしたいと考えていました。自分以外の他者を大切にはしませんでした。

愛する人がわたしから離れてゆきました。

さよなら、お母さん

こうして、30歳をとうに過ぎた頃、ようやくわたしは苦渋《くじゅう》のうちに自分自身の在り方に目覚めるようになっていったのです。

そんなある日、母がわたしを訪ねてきました。

20年も前のことです。どんな経緯（いきさつ）からそうなったのか…今となっては定かではありません。わたしは母に向かって、彼女の在り方を批判することばを吐《は》いていました。そうして、母に似ているわたしの在り方を悲しい、と言いました。わたしはそういう自分の在り方を改めたい、生き方を変えたい…と言いました。

母は激怒しました。「なにを生意気な！　あなたにそんなことを言われる筋合いはない！」と言い放ちました。そして、わたしの二人の息子たちに、彼女がどれほどわたしを愛し、可愛がり、これまでどれほど尽くしてきたか…ということをかき口説くように話しました。

黙って聞いていた一郎が言いました。「おばあちゃん、子どもはだれでも親に育てられたように育つんだと思うよ。僕のお母さんはおばあちゃんに育てられておばあちゃんのようになって、それがイヤだって言っているんだよ。そして、そんな自分を変えたいって言っているんだよ。

ぼくもおばあちゃんやお母さんのような生き方はイヤだと思う。だから、僕はそれを受け継がない、って決めたんだ。だから、二人の生き方はこれ以上だれにも受け継がれないで終わるよ。ぼく、それで良かったと思っている」

中学2年生の一郎がそう言いました。そのときの彼の佇（たたず）まい、彼の表情、ことば…わたしは一生忘れることがないでしょう。

その夜、母は一晩中泣き、そして吐《は》き通しに吐いていました。胃が空っぽになってもまだ吐き続け、苦しむ姿を見ながら、「ごめんなさい、お母さん。こうしなければならないの。こうしなければわたしはあなたから自立することができないの。そして、自分を生きることができないの。

お母さん、あなたも自立して欲しい！　自分を見つめ、自分の姿を知って欲しい！　自分の姿を見ることができたら、あなたはきっとそんな自分を変えようと思うに違いないわ。だって、あなたは美しいものが大好きですもの。醜《みにく》い自分の姿に気がついたら、そんな自分の在り方に耐えられないと思うのよ。苦しいと思うけど頑張って！　わたしも頑張るわ！」

わたしはこうしてその夜、母に「さよなら」を言ったのでした。それは辛い別れでした。

若い頃、わたしは母から、家から逃げるようにしてアメリカに行き、その後また逃げるように結婚したのでした。けれど、そんなことで自立などできるわけがなかったのです。…逃げたら別れられる…などということはあり得ませんでした。「イヤだ」「イヤだ」と思いながら、わたしは母と同じような在り方をし、同じように生きていたのです。

39歳にして、母にこれほど辛い思いをさせなければ、わたしは母から自立することができませんでした。

エクスサイズ

あなたが真に自立したのはいつですか？　何から、だれからの自立でしたか？　そのときは自然にやってきましたか？　それとも、あなたの強い意志によってなされたのでしょうか？

揺るぎない自信は…

「危機」を迎えるときはいつなのか？　それはどのような「危機」なのか？　「危機」はどんなふうにやって来るのか？　どうしたら「危機」を乗り越えることができるのか？

わたしたちの姿形がそれぞれみんな違うように、

そして、思い方、考え方、することが違うように、わたしたちがそれぞれが体験する「危機」はみんな違います。いえ、みんな異なる存在なのですから、それぞれに訪れる「危機」の内容が異なっていることは当然のことなのです。

ショウペンハウアーが言っています。「幸福のかたちはみな同じだが、不幸のかたちはみんな違っている」と…。

…わたしにはそんな「危機」はなかったわ。ぼーっとしていてわたしは気がつかなかったのかしら？　それともこれから来るのかしら？　…そんなふうにおっしゃる方がいますか？

困難に出会い、それと向き合って克服するチャンスに恵まれなかった人は、これからそのチャンスが訪れるのかもしれません。どんなことも遅すぎるということはありません。出会ったときが「その時」なのですから…。

心配しなくても大丈夫！　もしかすると、あなたは前生で大変な修行を積んだ方なのかもしれません。そして、今生では辛い修行をする必要がないのかも知れませんよ…。

さて、28歳から35歳までの人生の第5期に「危機」を乗り越えた人は、その貴重な体験によって得た力が大きな「自信」となることでしょう。「自信」を持つと、人は得てして他者を蔑（ないがし）ろにし、他者を貶（おとし）め、見縊（みくび）ることが多くなります。けれど、大きな困難をくぐり抜けたあとに、あなたが得た「自信」は決してあなたをそんなふうにはさせません。その力は物質的なものではないのですから…。

あなたの内に培《つちか》われたその力は、今「他者を慈（いつく）しむ心」となってあなた自身を世界に向かって拓（ひら）かせようとしています。そして、それはあなたの内に「他者に帰依する」力となって働こうとしているのです。

あなたは以前よりずっと愛深く、そして忍耐強くなっている自分に気づいてはいませんか？　あなたの隣人が苦しみや悲しみ、困難や苦悩の中に在ることに気づいたとき、あなたは彼らの傍《かたわ》らにいようとしてはいませんか？　そして、彼らの苦しみや悲しみ、困難や苦悩を自分のものと感じてはいませんか？

それは以前のあなたには考えられなかったことではないでしょうか？　以前のあなたは苦悩の中に在ってなお決断できない人を軽んじていましたね。決断してもそうできない人を蔑（さげす）んでいましたね。そうしてそんな人を見捨てていたのでしたね。

けれど今のあなたは違います。

あなたの辛い体験が、あなたを謙虚で寛容な人にしようとしています。悲しみにくれる人、苛立《いらだ》つ人、焦燥《しょうそう》する人、悔《く》いる人、怖（お）じ気づく人、憤（いきどお）る人、嘆く人…の傍《かたわ》らで、今あなたは佇（たたず）んでいるのではありませんか？　そして、どうすることもできない無力な自分自身を見出し、嘆いているのではないでしょうか？

以前のあなたを思い出してください。飲み込みが早く、機転がきき、話術に長《た》けたあなたのする仕事は完璧《かんぺき》でした。機知に富み、美しく、ユーモアがあるあなたはみんなの憧れの的でした。正しい意見を言い、それをすぐに実行するあなたに、周囲の人は一目置いていました。センスが良く、教養があって、社交的で…そう、あなたはずいぶん「自信」があったに違いありません。

けれど、「危機」に遭遇《そうぐう》したときのあなたの振る舞いはどうだったでしょう？　苦しさに怺（こら）え切れず、あなたは大きな悲鳴を上げましたね。そして夢中で助けを求めましたね。だれも助けてくれないと言って憤りましたね。恨《うら》み、落胆し、責め、罵（ののし）ったこともありましたね。

そしてとうとう耐えきれずに逃げ出したのでしたね。けれど逃げても逃げても逃げ切れず、あなたは醜い姿をさらけ出したのでした。あなたがあんなに軽蔑《けいべつ》していた人たちよりもっと酷（ひど）い姿を…。

そんなあなたを周りにいる人たちは見ていました。そして、見られていたと知ったあなたの苦悩はいっそう深まったのでしたね。

けれど、そんなあなた自身の在り方を、あなたはどうすることもできませんでした。そして、あなたの内にあれほど強固にあった「自信」はすっかり崩れ去ったのでした。

あれほどの屈辱を味わったことは、生まれてはじめてだったのではありませんか？　あれほど惨《みじ》めな思いをしたことを、あなたはこれまでの経験したことがなかったに違いありません。みっともないあなた、臆病なあなた、卑怯《ひきょう》なあなた、醜《みにく》いあなた…そんなあなたの姿を、あなたは生まれてはじめて見たのでしたね。それは以前、あなたが心から軽蔑し、毛嫌いし、バカにして遠ざけていたものでした。そんな姿を見せる友人や同僚を、あなたは許すことができなかったのでしたね。

けれど、これまであなたが咎（とが）め、疎（うと）み、蔑（さげす）んでいたものを、あなたはあなたの内に見たのです。それは紛《まぎ》れもなくあなたの内にも潜《ひそ》んでいたのです。そして、それが次々と表れ、あなたは向き合わざるを得なくなったのでしたね。そしてとうとうあなたはそれを認めたのでした。

よかったですね。本当によかった！　どんなにか苦しく辛かったことでしょう！　けれど、あなたが自分の姿に気がついて、本当によかった！

これからですよ。あなたの内にあるすべてのものが見え、すべてを認め、すべてを受け入れて…これからあなたは「本当のあなた」を生きることができるのです。

恥ずかしがることはありません。自分を責めることもありません。蔑《さげす》むことも、詰（なじ）ることもありませんよ。わたしたちはだれでも傷をもち、棘（とげ）を含み、重荷を背負って生きているのですから…。

それに気づき、それに向き合い、それを克服し、それによって「精神の進化」を遂げるためにこそ、わたしたちは生まれてきたのです。

それが生きる目的なのです。そうしてこそ、わたしたちは「精神の進化」を遂げることができるのです。そのために、わたしたちは弱さと、脆（もろ）さと、危（あやう）うさを内に抱えて生きているのです。

自分を生きよう

「危機」を脱したあなたは、これからは「本当の自分を生きよう」と心に決めていらっしゃるのではありませんか？

自分をごまかすのはやめよう、自分の気に染まないことを、ただ人の期待に応えるためにするのはやめよう、人を喜ばすために話すことはやめよう…と思っているのではありませんか？　あなたが本当に心に感じていることだけを話そう、本当に考えていることだけを伝えよう…と決めているのではありませんか？　そして、本で読んだだけのこと、聞いただけのことは話すまい…そう決意したのでしょう？

そう、あなたは今、「本当の自分を生きよう」と決めたのですね。でもちょっと待って！　そんなに急がないでくださいな。闇雲《やみくも》に進まないでください。あなたがこれから歩いて行く道がどんな道であるかを見定めてからでも遅くはありませんよ。

足下《あしもと》には十分気を付けてくださいね。なぜなら、これからあなたが歩いて行こうとする道には、落とし穴があるのですから…。

その道には三つの深い穴が隠されているのです。それは「いい人になろう」とする穴、「だめなわたしを悲観する」穴、そして「自分勝手に生きる」穴と呼ばれています。

「自分を生きよう」と決めた人が陥《おちい》りやすいこの三つの穴に、十分気を付けてくださいね。

一つ目の「いい人になろう」という穴は、人が容易に陥りやすい穴です。

あなたは「いい人」になど決してならなくていいのですよ。以前より「謙虚になった」と言っても、あなたが内に持っているものは決してなくなってはいません。あなたはそのことに、もう気がついていることでしょう。なぜなら、人が失敗したとき、人が嘆《なげ》いているとき、悔《く》いているとき…それを見ているあなたの心は以前と同じように反応しているのではありませんか？

そんな自分にあなたはがっかりしていますか？　自分を責めていますか？　情けなく思っていますか？　…けれどそれが現実なのです。がっかりすることも、自分を責めることも、情けなく思うことも必要ないのです。それが「あなた」なのですから…。

「危機」を乗り越えた今のあなたが以前と違っている…それは、「そんなあなたの在り方を、あなた自身が知っている」…ということです。なんと素晴らしいことでしょう！　なんと嬉しいことでしょう！なんと誇らしいことでしょう！「あなたがあなたを知っている」なんて！

謙虚になったと言うことはそういうことなのですね。謙虚になるということは、「あなたがあなた自身を知った」ということなのです。

これまでのように、人に対してイヤな気持ちを抱いている自分に気づかないままでいるのではなく、人を否定する気持ちを持っているのに持っていない振りをするのではなく、人を責めたい気持ちに蓋（ふた）をするのではなく…「あなたが多くの欠点や弱点を持っている」ということを、あなた自身が認める…それこそが、あなたが以前より謙虚になったということなのです。

「欠点や弱点を克服し」、そして「謙虚になった」ということではないのですよ。それはあなた自身がいちばん知っていますね。

あなたはこれから、それを克服する旅に出るのです。その旅は…あなたのすべてを認め、あなたのすべてを受け入れたとき…始まります。それが「自分を生きる」ことなのです。いいですね、くれぐれも「いい人」になどなろうとしないでいてくださいね。

さて、二つ目の落とし穴は「だめなわたしを悲観する」穴でしたね。

さまざまな弱さと傷を抱えている自分に気づいたあなたは、そんなあなた自身に悲観し、嘆き、気を落としてはいませんか？

わたしもそうでした。けれどわたしが苦悩の中に在ったとき、わたしの傍《かたわ》らにいてくれた人はこう言ったのですよ。嘆き、泣いていたわたしに向かって、「あなたはそんなに自分がスゴイと思っていたの？欠点も弱さも持っていない完璧な人間だと思っていたの？　とんでもないことだわ。それがあなたの思い上がりなのよ。あなたが奢（おご）るのも、人を見下（みくだ）すのも、人を差別するのもみんなあなたの傲慢《ごうまん》な心がさせていたのね。悲観することなんてないのよ。それが「あなた」なんだから…。

あなたは今まで自分の本当の姿を見ることがなかったのね。本当の自分の姿を知らなかったから、人を責めたり、蔑《さげす》んだり、批判していたのね。あなたは余程自分を立派な人だと思っていたのね。

何度も言うけど、自分の姿を見てそんなにがっかりすることないわ。だって、それが本当のあなたなんですもの。それがあなたの現実の姿なんですもの…」

そうですね。そうなんですね。彼女の言ったことはすべてが真実でした。欠点のある自分、弱さを持っている自分、情けない自分の姿を知って悲観し、落胆するということは、わたしがわたし自身を、欠点も弱さも持っていない完璧な人間だと思いこんでいたからなのですね。

わたしはそのことにまったく気づきませんでした。もし、「あなたは自分が完璧な人間だと思っていたのですか？」と人に聞かれたら、「とんでもない、わたしが完璧な人間だなんて…そんなこと思ったこともないし、わたしは自分が欠点だらけの人間だということをよーく分かっていますよ」と答えていたでしょう。

けれど、本当にそうだったのでしょうか？　いいえ、そうではありませんでした。わたしは頭だけで分かっていのです。ただただ分かっているつもりだったのです。なぜなら、真にそれを認識していたのであれば、わたしの内に傷や欠点や弱さを見たからといって、あれほど嘆き悲しみ、落胆することはなかったはずなのですから…。

彼女の言っていることは真実でした。

彼女の厳しいことばを受けとめかねて、わたしはたじろぎ、よろけ、泣いてはいましたが、それでも彼女が正しいことを言っているということを、わたしは分っていたのです。そして、「そうか、がっかりしているのは、わたしが思い上がっているからなのだ。自分を完璧な人間だと思い込んでいたからなのだ。もし、わたしが欠点も弱さも持っているということを心底分かったら、そして、そんな自分を認めることができたら、こんなにがっかりすることはないんだ」…ようやくのことでわたしはそう思い至ったのでした。

時間がかかりました。心で理解することはむずかしいことでした。辛いことでした。その上、分かったからと言ってすぐに、がっかりすることがなくなったり、落ち込むことがなくなるということもありませんでした。

けれど、わたしは…落胆している自分…に気がつくようになりました。…気落ちしている自分…を認めることができるようになりました。そして、その度に「そうだ、わたしが気落ちしているのは、わたしが自分を失敗しない人間だと思い込んでいるからなのだ。わたしは失敗をし、間違いをおかす人間なんだから、そんなにがっかりすることはないんだ」と、思えるようになったのです。

ふーっと肩の力が抜けたように感じました。以前より緊張がほぐれたような気がしました。まわりの空気が柔らかくなったような気がしました。以前よりずいぶん生きることが楽になったようだと感じました。

もし、あなたが「失敗した」と言っては自分を責め、「間違った」と言っては落胆し、「できない」と言っては落ち込んでいるのでしたら…それはもうやめましょう。失敗するのはあたりまえ、間違っても当然、わたしたちは完璧な人間ではないのですから、できないこともあるのです。

今日から「ダメなわたしを悲観する」のはやめましょうね。

さて、三つ目の穴は…「自分勝手に生きる」穴でしたね。

「それじゃあ、勝手気ままに生きていいんですね」って…そんなことをおっしゃらずに、ちょっと待ってくださいな。

わたしたちは、「自分を生きる」ということを、「自分の好きなように生きること」と思い違いすることがあります。言いたいことだけを言い、したいことだけをし、行きたい所にだけ行き、イヤなことはしない、イヤな人とは口を利かない、イヤなことは

「イヤ」と言う…聞いていると、いかにも「自分を生きている」ような響きがあります。そして、そんな生き方にとても魅力を感じます。そうできたらいいな、と思います。

けれど、「それはなにかおかしい…」とあなたは感じていますか？　わたしもそう思うのですよ。自分のしたいことだけをする、すべてを自分の思うとおりにする、イヤなことは絶対しない…そのような生き方が「自分を生きる」ことではない、とあなたも感じますか？

「自分らしく生きる」ということは、「イヤなこと」を「イヤだ」と相手に言うのではありません。そうではなくて、「自分らしく生きる」ということは、「イヤなこと」を「イヤだ」と「あなた自身に言う」生き方なのです。

「イヤなことに目をつぶる」「イヤなことを我慢しながらする」「イヤなことは聞かない振りをする」「イヤなことには近づかない」…という生き方ではないのです。

そうですね、あなたはそんな在り方をしていた自分を変えようとしていたのですから、それは十分にお分かりですね。

そう、「イヤ」だと思っている自分を宥（なだ）めたり、誤魔化《ごまか》したり、我慢したり、押し殺したり、隠すのではなく、「イヤ」だと感じている「自分」を認めるのです。

「わたしはイヤだと思っている」と、あなたがあなた自身に正直に話すこと、それが「自分らしく生きる」ということなのです。

「イヤだ」と思うことはちっとも悪いことではないのです。たとえそれが「悪い」と言われても、あなたはそう感じているのですから、それを否定することはできませんでしょう？　それは嘘をついていることになりますもの…。

「自分らしく生きる」ことは、「イヤだ」と思っていることを、そのまま、ことばや態度に表すことではありません。そうではなく、まず、自分自身が「イヤだ」と思っていることを認める生き方なのです。そして、それから「どうするのか」を、あなたが決めるのです。

「イヤだ」と思っていることを相手に伝えるのか、「イヤ」なことをしないのか、「イヤ」な人と話をしないのか、「イヤ」な所には行かないのか…それを、あなたがあなたの自由な意志によって決めるのです。

そうです、「自分らしく生きる」ということは、「イヤなことをしない」という生き方ではありません。「イヤ」なことをあなたの「意志」によって「しない」のか、あるいは「イヤ」なことをあなたの「意志」によって「する」のか…それをあなた自身が決めるのです。

そのためには、あなたが「イヤだと思っている」ということを、あなた自身が知る必要があります。それを知った上であなたが決めるのです。知らなければ決めることができませんね。

それが「自分らしく生きる」ということなのです。

エクスサイズ2

あなたは「自分らしく生きよう」と考えたことがありますか？　それはいつでしたか？

そのとき、あなたはこの落とし穴にはまったことがありますか？　あなたがはまった穴はどの穴でしたか？　どんなふうにはまりましたか？　そしてどうやってその穴から這《は》いあがることができたのですか？

批判するのは止めましょう

さて、もし「危機」を体験することなくあるいは「危機」に遭《あ》ってもそれに気がつかないふりをしてこの時期を過ごし、自らを省（かえり）みる機会がないままであったら、わたしたちはどうなるでしょうか？

35歳から42歳という時期は、あなたがこれまで経験を積み重ねた結果が出るころです。そしてすべてに自信を持てる時期でもあります。

仕事場では部下を持つようになり、彼らはあなたを頼りにするでしょう。また上司には信頼され、あなたの手腕が発揮されることでしょう。サークル活動でも、PTA活動でも、地域の活動でも、あなたは指導性を発揮するに違いありません。そしてあなたがいるところで、あなたの存在はなくてはならないものになるでしょう。

さて、そんなあなたは自信がついた分、人の仕事ぶりが気になって仕方がないのではありませんか？「わたしならこうするわ」「わたしならもっとうまくできるわ」「わたしならあんなことしないわ」…ともすると、あなたは人を批判的な目で見ていることが多くなっているということに気がつきませんか？

人を批判するのはやめましょう。批評するのもやめましょう。ましてや責めることも裁《さば》くこともやめましょう。

なぜなら人を否定的に見ることは、その人にダメージを与える力として働くからです。非難されると人はたじろぎ、怖（お）じ気づき、後に退がり、力が萎《な》えます。批判されると人は恐れ、怯（ひる）み、悩みます。

本当にあなたがその人を活《い》かし、その人の持っている力を引き出し、その人と共に生き、その人と共に仕事をしたいのなら、今すぐその人を批判するのはやめましょう。

人はだれでも欠点や弱点を持っています。けれど、同時に素晴らしい力、優れている能力も備（そな）えています。優れた点や能力をまったく持っていない欠点だらけの人はいません。その素晴らしい力、優れている能力をあなたが心から認め、それを感謝し、伸ばそうとしたら、欠点や弱点は自然に消えてゆくものです。

そうは言っても、批判すること、批評すること、裁くことが習慣になっているわたしたちにとって、それをやめることは口で言うほど簡単ではありませんね。なぜなら、…これまで何度も皆さまと学んできたことですが…現代文明は、常に足りないところ、至らない所、弱点、欠点を探し、それを改良しながら発展を遂げてきたからです。

けれど、あなたがもし批判することをやめようとするなら、良い方法があるのですよ。それは、「その人の本質を見ようと努める」ことです。

目をつむってあなたが批判しようとしているその人を、あなたの胸の中で生き生きと描いてください。そして心を静めてその人をじーっと見つめてください。

光が射し込んできましたか？　そして、その人の姿が光に浮き彫《ぼ》りにされてきましたか？　その人は静かで、厳《おごそ》かで、尊く在りますか？　あなたは彼らの内に在る高次の自我、すなわち神性を感じることができますか？

同じ失敗を繰り返す彼、あなたの話を聞かない彼女、あいさつを返さず横をむいて通りすぎる隣人、故なく陰であなたを悪く言っている友人…を目の前にして、彼らの神性を感じることは無理でしょうか？　けれど、1日に一度だけでもひとり静かに過ごす時間を持ち、彼らを想い浮かべることができたら…あなたはいつかきっと、彼らの本性（神性）を見ることができるに違いありません。

物質の世界へ身体を持った人間として生まれてきたわたしたちは、人生の第5期に、地上で生きる者としてもっとも強く物質に関わる生き方をしました。ことばを変えて言うと、もっとも物質的な楽しみと歓《よろこ》びを求めて生きてきました。そしてそれ故に、物質的な苦しみや悲しみ、困難をも体験しました。

今その時期を過ぎて、わたしたちは生まれる前にいた場所、すなわち「精神の世界」へ再び戻る準備を始めるときに至ったのです。大海を航海している船に喩（たと）えるなら、今わたしたちは航路を大きく変えなければなりません。

それにはまず、あなたが「航路を変える」と決めることが必要です。それは実に大きな決断です。

これまでわたしたちは、専（もっぱ）らこの物質界で身体を持つ人間としてどのように生きるのか、地上での生をどのように全（まっと）うするのか…ということばかりを考え、それを遂げることに全力を費やしてきました。

けれど、今わたしたちはこれまで地上だけ向けていた視線を天上に向け、これからはそこに在る「精神の世界」を目指して生きてゆくのです。

そのためには、地上に在るものの中の精神の力、形在るものの内に宿る神性を見つめて生きてゆかなければなりません。そしてまた、わたしたち自身の内に在る精神、すなわち神性を磨《みが》き、「精神の進化」

のような状況に対しても、否定的な思いや否定的なことばを発しない、そして否定的な行為をしない…ということが、最も大切なことの一つなのです。

皆さまは、ルドルフ・シュタイナーが「精神の進化」を遂げるために必要なこととして、第一にあげている条件を覚えていらっしゃるでしょうか？

そうですね、それは「真理と認識に対する畏敬の念」を持つことでしたね。そしてわたしたちの内に畏敬の念を育てるためには物事を肯定的に見る、人の美しい点、優れた点に心を向けることが必要でしたね。「精神の進化」を遂げるために畏敬の念を持つこと、そのために世界のすべてを肯定的に見る訓練をすること！　それがもっとも大切なことであるということを、わたしたちは学びました。

今、人生の第6期を迎え、物質的な生き方から精神的な生き方に変えるために、そのことをもう一度思い出し、深く心にとめましょう。そして、そう「する」か「しない」か…決めましょう。さあ、勇気を出して、あなたがあなたの自由な意志で決めるのです！

を遂げるための生き方に変えなければならないのです。

そのためまずわたしたちがしなければならないことは、…人を批判しないこと、責めないこと、咎《とが》めないこと、そして、だれの内にもある精神を見つめること…それがもっとも大切なことなのです。

人生の第5期に、多くの人は人生最大の「危機」と思われる体験をします。それはとりもなおさず、地上に向けられていたわたしたちのエネルギーと視線を、精神界へ向けるために通過しなければならないターニングポイントなのですね。

幸いにも、人生の第5期にそれほどの辛い体験、苦しい体験を経ることなしに過ごした人もいるでしょう。反対に、死ぬほどの大きな困難や苦悩を味わった人もいるかもしれません。わたしたちはそれぞれの運命に従ってこの時期を過ごしました。そして今、人生の第6期を迎えて、わたしたちは共に人生の航路を変えて、精神界へと向かう旅路（たびじ）を歩きはじめるのです。

そのために…人に対して、物事に対して、またど

シュタイナーは「勇気は行為する力となる」と言っていますよ。

中年の危機

こうして内面の成長を経た人も、またそのような機会に恵まれなかった人も、40代を迎える多くの人が更年期を迎えます。これから、わたしたちの身体は衰える一方です。もうそれに抗（あらが）うことも、またそれを無視することもできません。

これまで体力を維持しようとしてつづけてきたジョギングやトレーニング、さまざまなスポーツにも限界があることを、あなたは感じ始めたのではありませんか？　あなたはだれにも話さず、あなたの胸の奥に秘めているのですね。

それは身体の力が衰えることをあなたが承伏できないからでしょうか？　これまで難なくできたことができにくくなる、身体のそちこちが故障しはじめる、眠りが浅くなる…そんなことを受け入れるのはむずかしいことでしょう。あなたの身体の衰えを知っているのはだれでもない、あなた自身ですものね。

けれど、身体の機能が衰えるということは、悪いことばかりでもありません。それがわたしたちの物質に縛《しば》られていた部分が、物質の法則から解き放たれるということでもあるのです。そして、それと同時にわたしたちの精神の力が増し、思考の力が増し、また、直感がますます冴（さ）えるようにもなるのです。目に見えない、手に触れることができない、耳では聞こえない…そんな力を、あなたは感じとることができるようになるのです。

そうです。今、物質としての身体が衰えてゆく代わりに、これからはわたしたちの内に在る精神の力がより強くなってゆくのです。そして、それを用いることによって、すべての人が平和と愛と調和の内に共に暮らすことができるように、そのために若者たちの力が活かされるように…わたしたちはその手助けをすることができるのです。

なぜなら、…今地球にもっとも深く下り立ち、もっとも物質の世界に働いている法則に則（のっと）りながら生きている若者たちは、物質界から離れて精神の世界へ戻る準備を始めたわたしたちが持とうとしている、精神の力を必要としているからなのです。

これが人生の第6期を迎えたわたしたちに課せられた、一つの役割です。

この時期にそれができないと、どのようなことが起きるでしょうか?

更年期を迎えた少なからぬ人が陥《おちい》る鬱《うつ》状態は、それができないために起こるのですよ。

この時期に、人は鬱々とした状態に陥ることがよくあります。これまで夢中でしてきたことが急につまらなく感じられます。自分がこの場にいることの意味を見い出すことができません。そして孤独感に陥り、虚（むな）しさに囚（とら）われ、寂しさに押しひしがれるように感じます。

気を晴らそうとして、おいしいものを食べ、美しいものを見、美しく着飾り、気の合う人と話をしても、虚しさは一向に消えません。物や何かをすることで、その空虚さを埋《う》めようとすればするほど、ますます寂《さび》しく、虚《むな》しくなるばかりです。

それもそのはずです。あなたが囚《とら》われている虚しさは、物質で埋《う》められるものではないのですから…。物質的な生き方をつづけていることが、あなたの行き詰まりの原因なのです。シュタイナーは…更年期に在るわたしたちが陥りやすい「鬱《うつ》」の状態は、物質的な生き方をつづけることによって引き起こされることが多い…と言っていますよ。

人生の精神的な意味を見出す

あなたはこうして大きな壁にぶつかります。

結婚後も何とかつづけてきた仕事はまあまあ順調にいっている、夫もそこそこ出世した、念願の家も手に入れた、子どもたちは幸い不登校にもならず学校へ通っている、家族のだれもこれといった大きな病気もしない、親しい友人もいて何でも相談にのってもらえる、ご近所づきあいにも特にこれといった問題もない…そんな安穏《あんのん》とした場所にやすやすと身を置いているのに…それでもあなたの気は晴れないのですね。

何度も繰り返し書いているように、この時期にわたしたちの精神は高みに昇ろうとしています。それに反して、身体はますます衰えてゆく一方です。その確執が強いストレスとなり、精神と身体の間に葛藤《かっとう》が生まれ、それがわたしたちを鬱々とさせるのです。

この頃のわたしたちの人生は、…生まれてから7歳までの間に経験したことが呼応する…と言います。

思い出してください。生まれてからの7年間、わたしたちの内でどんな力が育てられたのかということを…。そうですね。その頃、わたしたちの内で著(いちじる)しく成長したのは身体でした。そしてまた同時に、身体を動かすことによって「意志」が育ちました。幼いわたしたちは、どんなことでもしたいと思っていました。そして、どんなことでもできると信じていました。わたしたちにそうさせていたのは、わたしたちの内で大きく育っていた「意志」の力でした。

今、人生の第6期を迎えたわたしたちの内で、もう一度「意志」の力が強く働きます。けれどその「意志」は、子どものころのように、「わたしがしたいからする」「わたしがしたくないからしない」…というわたし個人の「意志」ではありません。それは「世界が求めていることをする意志」なのです。

今わたしたちが望んでいることは、わたしたち自身の「意志」ではありません。わたしの「意志」は今、…世界はわたしに何を求めているのか…ということを理解し、それを「行いたい」と望んでいるのです。いわば、わたしの内で強く働き始めたその「意志」とは、「世界の意志」と言えるでしょう。いわばわたしたちは道具となって「世界の意志」を行いたいと望んでいるのです。こうして、わたしたちはわたしたちの内に再び強い「意志」の働きを見ることができます。

このことを、ルドルフ・シュタイナーはこんなすうに言っています。

…わたしたちはわたしたち自身の内的な存在の中から創造しなければならない。そして、そうするために、わたしたちは、まだ生まれていないわたしたちの「自我」に向かって「意志」の中に深く手を伸ばさなければならないのだ…と。

子どものころ、わたしたちは世界がわたしたちに与える印象に対して、まるで全身が感覚器官であるように感応《かんのう》していました。

歳を経てわたしたちは今、子どもの頃に持っていたような鋭い感覚を失いました。けれど、失った鋭敏な感覚器官の代わりに直感を与えられました。そんなわたしたちが今しなければならないことは、「直感」つまりシュタイナーの言うところの「超感覚」をとぎすまし、世界が望んでいることを深く理解して、それに応えなければならないのです。

それが、人生の精神的な意味を見出し、それを行うことなのです。

また、39歳になると、わたしたちは大きな孤独感に襲われることがあります。3歳のときにはじめてわたしたちの内に自我の萌芽《ほうが》が生まれるということを覚えていらっしゃいますか？　多くの人が、「人生ではじめての思い出は3歳の頃のことです」と言うのは、その頃わたしたちの内で芽を出しかけた「自我」が働きはじめたためなのです。そのとき「自我」が世界の存在を知り、「自分」と「世界」の乖離《かいり》を体験したのです。

そうして、はじめてわたしたちは物事を「記憶」することができるようになりました。それが「わたし」と「世界」が乖離しているということの体験であったのです。忘却の遙《はる》か彼方にあるとしても、それはわたしたちにとって「孤独」で「寂しい」体験でした。

いま人生の第6期に在るわたしたちも、「世界がわたしたちに望む意志」を感じて、また再び大きな孤独感を味わっているのです。なぜなら、「世界の意志」は、必ずしも「わたしの意志」と同じわけではないのですから…。「世界の意志」を行うことが、ときにはわたしたちに大きな困難や苦悩をもたらすことがあるのです。

けれど、一度（ひとたび）「世界の意志」を知ってしまったわたしたちは、それがわたしたち自身の意志とは違っていても、それを行わなければならないことを知っています。

シュタイナーはこの時期を…奉仕の使命…と呼びました。あなたのすべての行為が他者のためであること、という意味でしょうか？

振り返ってみると、わたしはその頃、自分のことだけで汲々（きゅうきゅう）としていて「世界の意思」を行うどころではありませんでしたが…あなたはどうですか？

エクスサイズ3

あなたは人生の第1期のように、あなたの内で「意志」の力が強く働いていることを感じますか？　そしてあなたはその「意志」によって「世界があなたに求めていること」を行うことができましたか？

37歳と6か月

2回目のムーンノードが巡（めぐ）ってきます。あなたが生まれたときの位置に戻ってきた月は、あなたに、あなたの運命をもう一度垣間《かいま》見る機会を与えてくれるでしょう。

その示唆《しさ》の多くは、客観的なできごとを通して与えられると言います。たとえばあなたが旅をしている途中で、あるいは思いがけない人との出会いの中で、あるいはふと手にした本の、偶然めくったページに書かれていたというように…。

…それは余程注意をしていないと見逃してしまうほど些細《ささい》なことである…とシュタイナーは言っていますよ。ですから、メッセージが届けられるのを、家の中でじっと待っているのではなく、わたしたちの方から積極的にメッセージに近づく努力も必要でしょう。…すると世界によって、あなたの運命が、あなたに向かって運ばれてくる…と、シュタイナーは言います。

エクスサイズ4

第2のムーンノードに、あなたはあなたの運命を見てとることができるようなことを体験しましたか？　それはどのような機会でしたか？　そして、あなたは何を知ることができましたか？

おわりに

皆さま、ありがとうございました。皆さまと共に「シュタイナーの洞察による人生の7年周期」を学び、エクスサイズを続けてきて2年が経ちました。このような貴重な機会を与えていただき、心から感謝いたします。

わたしはこの2年の間、9期に及ぶわたしが歩んできた道を反芻《はんすう》しつづけてきました。わたし自身がこの「人生の7年周期」のエクスサイズを始めてから10年になります。この間（かん）、何度来し方を回顧したことでしょう？　数え切れません。

けれど驚くことに、その度（たび）に新しい発見があるのです。その度（たび）にあれやこれや細かいことが思い出されるのです。

嬉しい気持に満たされたことがありました。思わず涙をこぼしたことがありました。あまり辛くて書きつづけることができなくなったことがありました。

それでも途中で止めずにつづけることができたのは、偏（ひとえ）に読んでくださった皆さまのお力によるものです。

中には、「あまりにも個人的なことが書かれていて読みにくい」「シュタイナーの思想を学ぶ講座なのに、大村さんの個人的な手紙のようで学ぶことがない」「くどくて、独特の言い回しが分かりにくい」と書かれた方がありました。ありがたいことでした。申し訳ないとも思いました。

そう思いながらもわたしが書きつづけたのは、……わたしのような者でも、ルドルフ・シュタイナーの思想を学び、それを生きようとすることによって、抱えていた多くの問《とい》に答えを見出すことができたということ、そしてまた、それによって苦悩や困難をくぐり抜けることができたということを、お伝えしたかったからです。

シュタイナーの思想、「精神科学」は超感覚を持つ人だけのものではありません。それを研究している人だけのものではありません。ドイツ語で書かれた原書を読むことのできる人たちだけのものでもありません。

シュタイナーは…だれの内にも超感覚は潜《ひそ》んでいる。だから、わたしたちはそれを目覚めさせればいいのだ…と言っています。

超感覚を獲得することによって、見えないもの、聞こえないもの、触れることができないもの、舌で味わうことができないものを知覚することができるようになる…世間で言う、霊能力が得られるというものでもありません。

そうではなく、わたしたちは超感覚を目覚めさせることで自らの内に在る「本質＝神性」を見、また他者の内の「本質＝神性」を見ることができるようになるのです。そしてそのことによって、わたしたちは互いに敬い、尊び、敬い、愛（いと）おしむことができるようになるのです。

事実、これまで行ったどのワークショップでも、わたしたちは互いの人生を分かち合うことで、無常の幸せと歓《よろこ》びを共有することができました。さまざまな体験を聞き合うことによって、互いに心からの親しみを感じるようになりました。

「彼女の表情が暗いのは、そんなできごとがあったためなのね」「へーっ、丈夫そうに見えるけど、あの人は未熟児で生まれたんだ。さぞかしご両親に大事に育てられたのでしょうね！」「門を出て家の前の坂をだらだら下がって行くと海岸に出る…いいなあ、彼女はそんなところで育ったんだ！」

幼い頃の辛い体験が、彼女に暗い表情をさせていた…ということを知って、それまで何となく彼女を鬱陶（うっとう）しく感じていたことを申し訳なく思ったことがありました。未熟児で生まれたことを知り、保育器の中の彼を見守るご両親の思いを想像して、胸が熱くなったことがありました。いつもつまらなそうな顔をしているけれど、子どもの頃、毎日彼女は広い海で遊んでいたんだ。海の傍《そば》で育てられた彼女がつまらない顔を見せるのは、都会の生活が辛いためなのかもしれない…と心を寄せるようになりました。そして、だれもかれもが愛《いと》おしく、一人ひとりの存在を心から感謝する思いがこみあげてくるのでした。

「人生の7年周期」のワークショップをし、皆さまの人生を分けていただくと、こういうことは数限りなく起こります。そしてこの時代を選び、今この瞬間を共に生きていることにわたしたちは互いに感謝し、歓び、感動したのでした。

真に、まことにありがたいことです。

「人生の7年周期」を学ぶことは、自分自身を分析することではありません。ましてや他者の人生を断定することを目的としているのでもありません。「人生の7年周期」を学ぶことは、すべての人の人生を肯定し、感謝し、愛することを、わたしたちに促してくれます。勿論、自分自身の人生をもです。

わたしだけが一方的に書きつづったブックレットを介してではありますが、皆さまと多くのことを共有させていただいたと感じています。

本当にありがとうございました。機会がありましたら、皆さまとご一緒に心ゆくまで話し合い、聞き合って、それぞれが体験したことなどを分かち合いたいものですね。その日がいつか必ず訪れることを願って…さようなら！

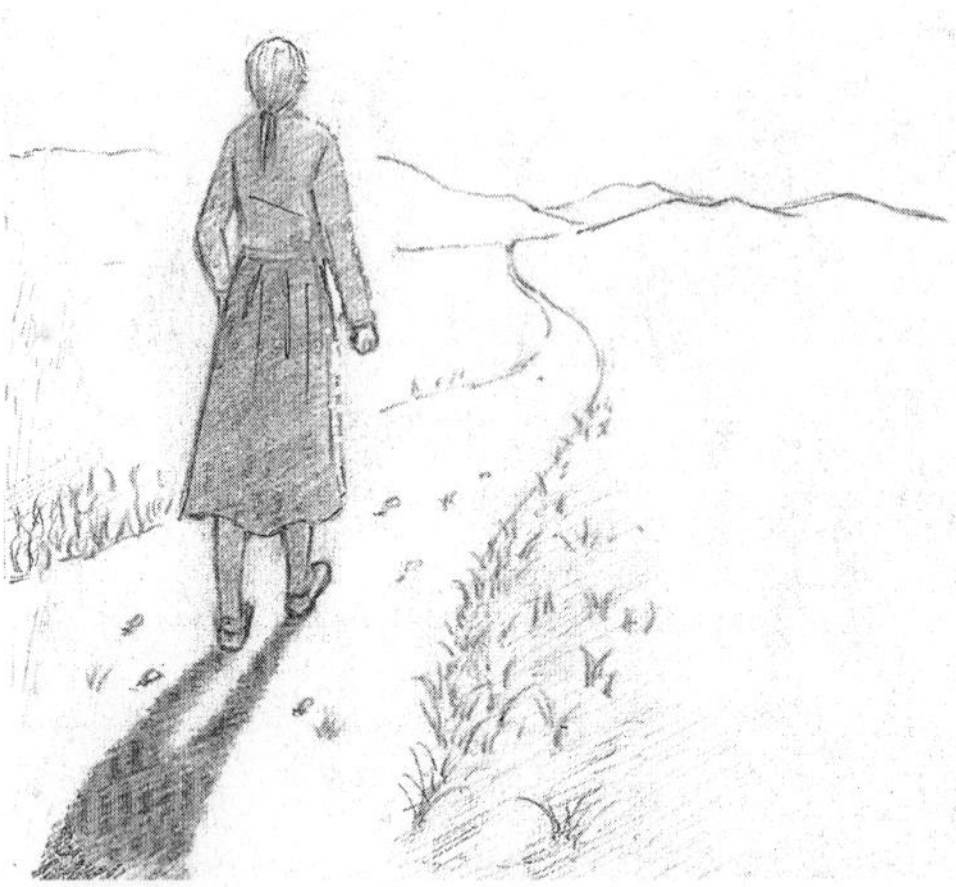

ご一緒に考えましょうQ&A

今号は、最終回として、最も多くの方々から寄せられた質問にお答えいただきました。おのせできなかった読者の皆さま、すみません。機会を改め、冊子や単行本などで「Q&A」を大村さんにまたお願いする予定です。

Q&Aのご質問は、FAXか郵送で

今後も質問をお寄せください。
FAXか郵便でお願いいたします。
あて先〒101-0054東京都千代田区
神田錦町3-21　三錦ビル
ほんの木「通信講座」Q&A係。
FAX 03-3295-1080
TEL 03-3291-5121（編集室）
★あなたのお名前、ご住所、TEL
FAXをお書き下さい。
これから企画するシュタイナー関連のメディア、Q&Aの単行本などに使わせていただきます。
よろしくお願いいたします。

Q 前回、大村さんの本気の姿に圧倒されそうだと感想を書きましたが、今回の4号はさらに社会運動、市民運動の視点からはっきりした問題提起がなされていて、はて？　シュタイナーの思想ってこういうものだっただろうか？　と思ってしまいました。私にとってはむしろ、考える、思う、自分をコントロールすることが「行う」ことの大前提だと教えてくれ、どんな困難なときにも平常心を持ち、思考と行動の制御をとるように、また他との調和がとれてはじめて行為することができると教えてくれたものでした。最近、だんだんと「行う」ことに力が入りすぎてはいませんでしょうか？

私のようないいかげんなシュタイナー（必要なときに必要なところだけをつまみぐいするような）タイプは、それでも一生かけてぼちぼちまなぼうとするところがあって、テーマがかたよるとその思想全体に関わっている人達もかたよっているような気分になってしまい、またひとりでシュタイナーの著書をよんでいるだけのほうがいいかなあなんて思います。出会った人とどう解釈していくかこそが大事と

いうのはわかるのですが、シュタイナーに関心のある人はエネルギッシュで頭も良く、個性的な人が多いのでつきあうにもパワーがいるのですよ。トホホ。

（ＹＹさん）

A

Yさん、おたよりありがとうございます。毎回お寄せくださるあなたのおたよりを、いつも楽しみにしていました。

これまでも何回も書いていますように、わたしがシュタイナーの思想に出会い、シュタイナー教育を学び始めたとき、わたしは自分のことしか考えていませんでした。生まれ持った良さを公教育によってつぶされそうになっている息子を救いたい！　彼の良さを伸ばしてくれる先生はいないかしら？　彼が彼らしく生きることができる教育を受けさせたい！…わたしはそれだけを考えていたのです。

そして、わたしはシュタイナー教育と出会い、シュタイナー教育の内に光を見出しました。息子にシュタイナー教育を受けさせたい、でも、日本にはシュタイナー学校がない、それなら自分で始めよう！そう考えてアメリカに行き、シュタイナー学校の教師になるためのトレーニングを受けました。１９８７年のことです。

２年間、夢中になって勉強しました。けれどトレーニングを終えたからといって、日本に帰ってすぐにシュタイナー学校を始めるほど、現実は甘くはありませんでした。

アメリカのシュタイナー学校でアシスタント教師をし、日本語の教師をし、それからルドルフ・シュタイナー・カレッジに…自然と芸術を学びながら、人智学が真に生きる力となるように学ぶことができるプログラム…を日本人のために創り、そこで7年間教えながら仲間を育て、日本でシュタイナー学校の母胎となる「人智学共同体」を創る準備をしました。それから、わたしたちの存在を知っていただき、わたしたちと同じ志を持つ仲間に出会いたいと考えて、二夏《ふたなつ》、「ひびき座」を結成して日本中を巡《めぐ》りました。そして、アメリカに渡って11年の後、ようやく日本に帰って来ることができました。「ひびきの村」ではまず土曜学校を始め、皆さまと共に学ぶための通信講座を始め、そしてようやく1999年の秋に「シュタイナーいずみの学校」を始めることができたのです。

「教育活動によって日本を変えよう！」…いまわたしはそう決めています。けれど、Yさんもお察しのように、シュタイナーの思想に出会い、シュタイナー教育を学び始めたときから、わたしがそう思っていたわけではありません。この項にも書きましたように、わたしはただただ自分の息子により良い教育を受けさせたい一心でした。正直言って当時は、他の子どものことを考える余裕はありませんでした。日本中の子どものことを考えたわけではなく、まして世界中の子どもの幸せを考え、教育によって社会を変えよう！　世界を変えよう！　と考えていたわけではないのです。

シュタイナーの思想を学び、それを生きようと決めて、わたし自身が感じ、考え、そして感じ、考えたことを行為している間に、少しずつ少しずつ、自分のことだけ、自分の子どものことだけしか考えていなかったわたしの目がひらかれ、心がひらかれていったのです。わたしにそうさせたのはシュタイナー思想の力です。そして学んだことをわたしの内にとどめるのではなく、世界に用立てるように仕向けたのも、実にシュタイナーの思想だったのです。

こうして、「だれも始めないなら、わたしがするしかない！」そう思い立ってから、シュタイナー学校を始めるまでには、実に15年の歳月が経っていました。

そのとき、わたしがシュタイナー教育を受けさせたいと切望していた長男は31歳になっていました。学校は、彼が学ぶためには間に合いませんでした。でも気がついたときには、いつしかわたしの内で「自分の子どものために…」という思いが消えてなくなっていました。

Yさん、「ぼちぼち」でも、「必要なときに必要なところだけつまみぐいする」でもいいじゃありませんか！　18年前のわたしも、今のあなたとそう変わりはなかったのですよ。それでも、歳月はこれほどまでにわたしを変えてくれました。いいえ、正確に言うと、人智学が、そして人智学を生きようとしたことが、わたしをこれほどまでに変えたのです。

　わたしは今、シュタイナー教育を実践することを社会運動にすることを決意しました。そのために、わたしたちの実践している「シュタイナーいずみの学校」をフリースクールとしました。その意味するところは、「だれにでも開かれている学校」にしたということなのです。

　自分たちの子どもだけではなく、日本中の子どもたちが、今より少しでも良い教育を受けられるように、力を尽くしたいと考えています。

　だからと言って、日本中の学校をシュタイナー学校にしよう、と考えているわけではありません。ただただシュタイナーの人間観や世界観が、教育に携（たずさ）わっている方々の力になるのなら、それを伝えようと思います。シュタイナー教育が、子どもたちが真に学ぶための助けとなり、そうして学んだことが子どもたちの生きる力となる…と考える方がいるのなら、ご一緒に学びたいと思います。

　そして、一人ひとりの教師が自らの世界観を、自らの考え出した方法で、（成長する過程の中で）子どもが必要とするときに伝える…という「教育の自由」を、わたしたちが手にする…ことを目指したいのです。

　これが、18年の間シュタイナーの思想を学びながら、世界を感じ、考え、そして感じ、考えたことを行ってきたわたしが、今辿《たど》り着いた地点です。

　あなたがおっしゃるように、わたしが、「行う」前に、…考える、思う、自分をコントロールする（考えるまま、感じるままに行うのではない、と言うことですか?）…ということが成されていないように見えるのでしょうか?

　わたしは小学1年生のときから、「学校の先生になろう」と決めていました。それは、わたしの出会った先生方が、わたしの理想とする先生ではなかったためです。爾来《じらい》、「教師になる」というわたしの決意は変わることがありませんでした。これまでわたしが経験したすべてのことは、「先生になる」ために必要なことだったのだと確信しています。

　1999年に、「ひびきの村」で全日制のシュタイナー学校を始めようとしたときも、周囲から（スタッフではありません）「まだ早いのではないか？もっと十分に準備をしてからのほうがいいんじゃないか？」という意見が出されました。わたしはそのときこう答えたのです。

「わたしはシュタイナー学校の教師になることを、生涯をかけて準備してきたように思います。わたしは今54歳です。シュタイナー学校を始めるために早過ぎる年齢だとは思われませんが…」と。

…「社会運動、市民運動の視点からはっきりした問題提起がなされていて、はて？　シュタイナーの思想ってこういうものだっただろうか？　と考えてしまいました」…とお書きになっていますね。

そうなのです、教育活動は社会運動なのです。1919年8月21日、ルドルフ・シュタイナーは、新しい教育活動を始めようとして、高い志を持って集まってきた人々を前にしてこう言いました。

…ワルドルフ学校は、現代の精神生活を確信しようとする本当の文化活動でなければなりません。すべての点において、変革を考えなければなりません。社会運動というものは結局は精神的な事柄に立ち返っていきます。その意味で学校問題も現代にとっての緊急な精神問題の一分野なのです。学校制度に革新的、革命的な働きかけをするために、ワルドルフ学校の可能性を最大限に利用しなければなりません。…（ルドルフ・シュタイナー著「教育の基礎としての一般人間学」高橋巖訳　イザラ書房発行）

Yさん、シュタイナーはこれほど明確に、シュタイナー教育を実践することは、社会活動であると言っているのです。

教育活動は世に在るすべての子どものためにするものです。

あなたのおっしゃるように、これからも十分に感じ、考え、そして感じ、考えたことを行うよう、努力しますね。

あなたのように「ぼちぼち学ぶ」ひともいるでしょう。わたしのように「行う」者も必要とされているでしょう。そして「行う」ときに偏（かたよ）ることもあるかも知れません。

Yさん、この号に書いた「シュタイナーの歩いた道」をお読みいただけましたか？　お読みになって、どう感じられましたか？　シュタイナーは人智学を世界に広めようとしていたとお感じになりましたか？　人智学が、真にわたしたちが生きるための力となるよう、教育、農業、医学、芸術、学問などの分野で運動を展開していたとは考えられませんか？

彼が2年の間に400回もの講演をして人智学を広めようとしたそれ自身が、「運動」そのものとは考えられませんか？

わたしとわたしの仲間に、ようやく今そのときが巡《めぐ》って来たのだと確信しています。ただ、運動をするときにもっとも大切なこと、つまりシュタイナーの思想を生きることによってわたしたち一人ひとりが変わり、社会を変える力にする…シュタイナーはそのことを目指し、志半《なか》ばで亡くなりました。わたしは彼の意志を継ごうと思うのです。わたしたち自身が人智学を生きること…を心にかけ、精神の進化を遂げる努力を続けてゆきたいと考えています。…わたしたち自身が物質だけに依る生き方をするのではなく、物質をかく在らしめている「精神」の力に依って生きる…そのことが最も大切であり、必要であり、望まれていることである…ということも知っています。

わたしたち自身がシュタイナーの思想を生きること…それこそが、真の運動になるのものですね。シュタイナーの書いたこと、話したこと、行ったことをただ伝えるだけでは運動になりません。それが運動になり得るのは、わたしたちがそれを生きたときだけなのです。

Yさん、あなたは今何歳でいらっしゃいますか？　わたしよりずっとお若いのでしょう？

若いときに、わたしは自分のことしか考えられなかったのですよ。けれど、「人生の7年周期」で学んだように、わたしたちが生きる過程にはさまざまな時期があります。「人に育てられるとき」、「備えられた力を試すとき」、そして「得たものを社会に還《かえ》すとき」…わたしは年をとり、今ようやく「社会に還すとき」を迎えました。

あなたにもきっとそういうときが訪れることでし

ょう。あなたが生まれる前に決めてきたそのときが、必ずやってきます。

人にはそれぞれ歩む道があり、生まれる前にそれぞれ決めてきた使命があります。Yさんに使命があるように、わたしにもあります。わたしの使命はわたしが人智学を生き、教育活動をすることを通して社会をより良い場所とすることだと考えています。より良い場所とは、「精神の自由」が認められ、「法の下の平等」が保証され、「経済の友愛」が実践される社会です。そこで、人は共に「精神の進化を遂げる」ことを励み、困難に遭《あ》ってもなお希望を持ちながら生きることのできる社会です。

シュタイナーの思想それ自身をどのように理解するか、そして理解したことをどのように生きるか、ということはそれぞれが決めることです。だれが正しく、だれが間違っているということは言えないとわたしは考えています。言えることは、わたしが感じていること、わたしが考えていること、そしてわたしが行うことだけです。

Yさん、こんなふうに書くと、いかにもわたしが正しいということを主張しているように感じられるでしょうか？　わたしは「わたしだけが正しい」と考えているわけではなく、まして「わたしは正しい」ということを主張しているわけでもありません。あなたがあなたの感じていること、考えていること、行っていることを伝えてくださったので、わたしもわたしが感じ、考え、行っていることをお伝えしました。

いつもいつもアンケートにお答えいただき、あなたが感じ、考え、行っていることを率直に書いていただいたことを、心から感謝しています。あなたと、あなたと同じようにしてくださった多くの方々に支えられて共に学ぶことができたのだと、皆さまの存在に畏敬《いけい》の念を感ぜずにはおられません。

Yさん、どうぞお元気でお過ごしください。そして、機会があったらまた率直にお話ししましょうね。

Q

本当に「経済の友愛」でやってゆけるものなのでしょうか？

（岐阜県　Oさん）


社会三層構造（特に「経済の友愛」）をくわしく

知りたい。

資本主義社会の中で「経済の友愛」が本当に「友愛」として実践できるのか疑問です。貧しい人がたくさんの授業料を払い、お金のある人が少し、ということも起こり得ますよね。そして、本当に「経済の友愛」で人々が生き生きできるのでしょうか？　私欲をどう克服してゆくのでしょうか？　シュタイナーを読んでいていちばんひっかかるところなのです。

（東京都　Kさん）

（三重県　Iさん）

A

これまで「社会三層構造」について、そして特に「経済の友愛」についてのご質問をたくさんいただきました。今回載せさせていただいたお便りは、そのうちのごくわずかなものです。

「経済の友愛」の考え方をはじめて耳にしたとき、わたしはとても驚きました。そして十分に理解することができませんでした。残念ながら、わたしが11年間過ごしたサクラメントの人智学共同体の中で、「社会三層構造」の考えを実践していた所はありませんでした。ルドルフ・シュタイナー・カレッジでも、シュタイナー学校でも、医療センターでも…です。

けれど少しずつ学ぶうちに、わたしは「これはすごい！　もし、これを実践することができたら、わたしたちは物質に依る生き方から解放されるにちがいないわ！」と思いました。

わたしたちが暮らしているこの社会には、さまざまな問題が山積しています。それらの問題をよく観ると、生活のさまざまな領域で経済が「精神の自由」と「法の下の平等」を侵《おか》していることによって引き起こされているということに気がつきます。

そしてその根本にある問題は、わたしたちが常に「物質欲」に捕らわれ、「物質」の豊かさを求めているということです。つまり、わたしたちが抱えている問題や課題の多くは、わたしたち自身の内にある「物質」に対する欲望によるものなのですね。

この号にも書きましたが、パレスティナとイスラエルの紛争は、あたかも「宗教の自由」を巡《めぐ》って互いに「精神の自由」を求めるための戦いのように見えますが、実はそうではなく、大国の石油利権、武器輸出、スエズ運河の利権などをめぐる「物質欲」に依るものなのです。それは皆さまも十分理解されたことでしょう。

何度もなんども書いたことですが、人類の文明の発達とは、より便利なもの、より強いもの、より速いもの、より安いもの…を求め続けた結果によるものです。

わたしたちは「物質」という身体を持っています。この世に生き続けるかぎり、この身体を維持しなければなりません。ですから、人間が「物質」に対する欲望を持っていることは必然なのです。それがなければわたしたちは身体を維持することができません。ですから「物質」に対する欲望を持ってはいけないということはないのです。問題は、本来は身体を維持するため、生命を保つために具《そな》えられた「物質」に対する欲望つまり本能が、身体を維持するため、生命を保つため以上のものにエスカレートすることなのです。

わたしたちは生命を保つために食物を摂《と》っていますが、それがいつの間にか…よりおいしいものをより多く…という欲望に変わってしまいました。そして珍味を、美味を求めて、世界中を歩き回るようになってしまったのです。

衣服もしかり、住居もしかり…寒い家はいや、くらい家より明るい家がいい、風の通る家に住みたい…など、より快適に暮らしたいという欲望にうち克《か》つことはとてもむずかしいことです。

「経済の友愛」のもっとも根本にある考えは…自分の生き方（生活の仕方）を自分で決める…ということだとわたしは理解しています。…わたしはどんな生き方をするのか？　そのためには何が必要なのか？　何が必要ないものか？　…を自分で考え、自分で決めるのです。

今のわたしたちの状況を見ると…自分の生き方（生活の仕方）を自分で決める…ということがとてもできにくい状況にあることに気づきます。

仕事をすることによってわたしたちに支払われる「給金」は、仕事の出来高によって、仕事をした時間の長さや仕事の質によって、またキャリアによって、学歴によって、その額を決められます。つまり、「給金」は労働の対価として支払われ、その上、その価値は支払う側によって決められます。わたしたちが「給金」の額を決めることはできません。（ワーカーズ・コレクティブのような例は別として）ですから、支払われる金額を基にして、わたしたちは「どんな生活をするか」ということを決めるのです。いいえ、「決めざるを得ない」と言った方が正しいでしょうか。

つまり、資本主義経済の機構の中で、効率最優先の価値観によって、わたしたちの労働は価値を決められ、それによって支払われる「給金」の額によって、自ずとわたしたちの生き方（生活の仕方）が決められてしまうのです。

勿論、そのような状況の中でも「自分はこう生きる」「わたしはこれだけの生活をする」…という強い考えを持ち、強い態度を持ちながらそう決めることができるひともいるでしょう。収入の額によって生き方と、生活それ自身の質を左右されずに生きることができるひともいるにちがいありません。

けれど、多くの人…勿論、わたしもです…は、収入の額によって生活の仕方や生活の質を決めざるを得ないという状況にあります。自分で自分の生活の仕方を決めることができません。

これが、今のわたしたちの状況です。これが、効率と利益が最優先されている社会の経済機構に組み込まれているわたしたちの在り方なのです。

こんなふうに言うとまるで…わたしたちはそんなことは望んでいないのに、だれかわたしたちではない人がそういう状況をつくり、わたしたちをそういう状況に陥（おとしい）れている…とでも言っているように聞こえるでしょうか？　けれどそんなことはありませんね。そういう状況をつくっているのは他のだれでもありません。わたしたち自身が経済を最優先する生き方を選び、そのために社会がそういう在り方をしているのです。

このような社会の中に在っても、経済を優先させない、物質に依らない生き方をしているひとがいます。ヒーッピーや、ホームレスと呼ばれる人の中には自らの意志によってそれを選んでいるひとがいます。勿論、やむを得ず、意に反して仕事や家を失った人の方が多いでしょう。けれど、それを自らの意志で選んでいるひとを、わたしは知っています。すごいですねえ！

以前にも書きましたが、「経済の友愛」とは、労働の対価として与えられた「お金」の額によって…わたしの生活が決められる…のではなく、…わたしはどう生きるか…を、わたし自身が決める、という考え方です。雇用主に決められた給金の額によって…わたしはどう生きるか…が決められるのではなく、わたし自身が…わたしはどう生きるか…を決めます。すると、そのためにはこれこれの生活費が必要であるということが明らかになります。そしてその額を得るための仕事をする…という考え方です。さしずめ、近年とみに多くなったフリーターと呼ばれる人たちの仕事に対する根本的な考え方は、これに近いものでしょうか。

「社会三層構造」の「経済の友愛」の考え方によりますと、賃金は働く人の能力によって、あるいはキャリアによって、学歴によって、時間によって決められることはありません。もっと端的《たんてき》に言えば、給金は労働の対価として支払われるのものではないのです。つまり、仕事はすべてボランティアとして行われます。給金はわたしたちがボランティアをしながら生活するために支払われる…という考えなのです。

さて、「社会三層構造」の考えを実践する「ひびきの村」では、どのように「経済の友愛」を行っているかをお伝えしましょう。

「ひびきの村」の活動が始まって6年目。NPO法人として認められ、会計がすべて公開されることをきっかけに、わたしたちはこれまでにないほど厳密に予算を立てました。

まず、年間行事を組みました。「ひびきの村」には「シュタイナーいずみの学校」（幼稚園、小、中学校、高等学校、土曜芸術教室）、「リムナタラ農場」、「えみりーの庭」（手工芸品などを販売する部門）、「大人のプログラム」（自然と芸術と人智学を学ぶプログラム、若者のためのプログラム、シュタイナー学校教員養成プログラム)、事務局があります。

それぞれの部門が年間行事と予算をたてて、経済グループに提出します。

詳しくお伝えするだけのページ数がありませんので、皆さまにお出でいただく「サマープログラム」の参加費を、どのように算出しているかを例にあげてみましょう。

「ひびきの村」全体の年間予算のうち、「サマープログラム」で見込まれる収益の総額を決めます。ここが利益をあげることを最優先とする資本主義の考えと大きく異なります。

資本主義による経済活動の目的は限りなく利益を追求することです。儲《もう》かれば儲かるほど「よし」とします。わたしたちが収益をあげることを考えるとき、限りなく利益を追求しようとは思いません。わたしたちが活動を続けるために必要なものを目標とします。ですから、まず今年はこれこれの活動をすると決めます。すると、そのためにはこれこれの金額の費用が必要であると分かります。次にその金額を各部門の活動の内容、規模の大きさなどに従って割り振ります。

一方、資本主義の仕事のし方ははじめから利益を追求します。そして利益を出すために「設備投資をしよう」「優秀な人材を確保しよう」「仕入れを倍にふやそう」「取引を多くしよう」とします。

もう皆さまはお分かりのことと思いますが、「経済の友愛」の考えに基づく経済活動はそうではありません。

サマープログラムで言いますと、まず、活動の目的を決めます。次ぎに活動の内容を決めます。活動するために「ひびきの村」が決めた「サマープログラム」に割り当てられた収益の金額を参加者の定員数で割り出します。勿論参加人数の定員は、プログラムの内容を考えて適切な数を講師とスタッフが相談して決めます。これが、皆さまにお支払いいただくお一人分の参加費になります。

この金額は、あくまでも「ひびきの村」の立場で算出したものです。参加される皆さまには皆さまのご都合と条件がおありです。ですから、わたしたちが算出した参加費は皆さまに「提示させていただいたこの金額をお払いいただけますか？　もし、不都合でしたらどうぞ、その旨《むね》おっしゃってください。そしてご相談しましょう」と提案します。これが、「ひびきの村」のすべての行事に参加していただくための費用を算出する基本的な考え方です。案内に書かれています「提示された参加費を支払うことがむずかしい方は事務局へお申し越しください」という文章の意味は、こういうことなのです。

毎年、「サマープログラム」に参加される方の中には、わたし共に相談してくださる方がいます。わたしたちは「経済の友愛」をご一緒に実践させていただく機会を、大変ありがたいと考えています。

「シュタイナーいずみの学校」の「授業料」も、それぞれの家庭の経済状況の中から父母が決めて支払われます。教師の「給金」も、それぞれの教師が「自分がどのような生活をするか」を考え、それに必要な金額を提示して受け取ります。

「ひびきの村」で「給金」（わたしたちは「給金」と呼ばず「生活費」と呼んでいます）を受け取っているすべてのひとがそうしています。

皆さまになんどもお伝えしていますように、「ひびきの村」では、「教育」をわたしたちの活動の柱にすることを決めました。わたしたちの教育活動の中でも「シュタイナーいずみの学校」を大変重要なものであると考えています。学校を運営するための経費は、今年も1千万円以上の赤字が見込まれています。その赤字補填《ほてん》は、「ひびきの村」で行われている別の活動に依拠しなければなりません。

大人のプログラムとサマープログラム、ワークショップ、「えみりーの庭」、講演会などの収益は「シュタイナーいずみの学校」の赤字を補填するために使われます。

バイオダイナミック農法で農作物を作っている「リムナタラ農場」を運営するためにも大きな赤字が出ます。けれどどんなに運営が困難であろうと、地球にとってどうしても必要なことであるバイオダイナミック農業はつづけなければならないと、わたしたちは考えています。シュタイナーの思想を学ぶためにも農場は必要です。ですから、農場の赤字を補填することは、わたしたちの務めなのです。

わたしたちの実践はまだまだ緒《ちょ》についたばかりです。これから試行錯誤を繰り返しながら、ルドルフ・シュタイナーの理念を実現したいと考えています。

どうぞ、皆さまもご一緒に考えてください。そして、「なにかおかしい…」と感じられることがありましたら、是非、お知らせください。そして、皆さまがされている活動の中で「経済の友愛」を実践したいとお考えでしたら、そして、わたしたちが少しでもお役に立てるようでしたら、お声をかけてください。お手伝いができるかもしれません。「ひびきの村」で実践されている「経済の友愛」の報告を、いずれどこかでいたしますね。

グローヴァリゼーションに席巻《せっけん》されている世界は、今多くの困難に向き合っています。貧困、飢え、紛争、対立、地球の温暖化…どれをとって見ても、経済を最優先してきたわたしたちの生き方が生み出したものであることに気づきます

これらの多くの困難を解決するために、どこから手をつけたらよいのでしょうか？

日本では政治家も企業家も、そしてわたしたち自身も「経済」が復興（景気回復）すればすべてが解決するだろうと考えています。ですから、10年の間不況が続いている日本では、みんなが「経済の復興」ばかりを考えるように見受けられます。

けれど、「経済」がわたしたちを救ってくれるのではありません。景気がよくなることですべての困難が解決されるわけではありません。「儲（もう）ける」ということが、「取り引きすることによって他者から利益を得る」ということである限り、社会に平安は訪れないでしょう。

簡単なことで言うと「融通（ゆうずう）しあう」…それが「経済の友愛」だと、わたしは考えています。それは昔、日本の社会の中に存在していた「生き方」でした。

わたしが結婚した人の生家は小さな洋品屋を営んでいました。その店は東京の文京区にある小さな商店街の中にありました。近所の人が買い物にくるだけの商いでしたが、その商いで夫の両親はそれでも

夫と妹を育て、そして一家が暮らすだけのことはできたのでしょう。

ある日、駅前に大きなスーパーマーケットができました。わたしは喜んで買い物に出掛け、大セールの宣伝文句に誘われてたくさん買い物をしました。両手に大きな紙袋を下げて帰ってきたわたしに、義父はこう言いました。「この商店街で買えるものは、ここで買いなさい。わたしたちは助け合わなくてはならないんだよ。みんながスーパーで買い物をするようになったら、ここの商店街のひとたちの商売が成り立たなくなるんだ。わたしたちはお互いに買ったり、買ってもらったりして商いをし、助け合って生活しているんだよ」

目から鱗（うろこ）が落ちたように感じました。ルドルフ・シュタイナーが提唱した「経済の友愛」の考えを知ったとき、まっさきにわたしの胸に思い浮かんだのは、小さな商店街で商いをしているひとたちの姿でした。そして、「互いに買ったり、買ってもらって商いをしている」と話してくれた義父のことばでした。自分一人だけが儲《もう》けて良い生活をしようとするのではなく、みんなで助け合い、融通しあって共に生きてゆこうとする商店街の人たちの姿でした。

ですから「経済の友愛」の考え方は、わたしにとって日本の社会に昔からある「助け合い、支え合い、補い合う」生き方の根底にあるものでした。質問をいただいた3人の方、そして「経済の友愛」の考えがよく分からない、と嘆《なげ》いていらっしゃる皆さま、「経済の友愛」の基本的な考え方はそんなにむずかしいことではないのですよ。少なくとも、わたしにとっては昔、日本の商人のだれもが矜持《きょうじ》していた商いの仕方、生き方なのです。…自分だけが大きな利益を得ようとしない、みんなで助け合い、融通し合う…ということです。そして、自分の生活の仕方を自分で考え、自分で決める。

「ひびきの村」のような人智学共同体で暮らしているからそんなことができるのよ…と思われるでしょうか？

もし、あなたが「経済の友愛」を実践したいと本気で考えていらっしゃるのなら…そうですね、こんなふうにしてみてはいかがですか?

ご自分がどんな生き方をするかを十分に考えて決める、そしてそのためにどんな生活の仕方をするかを決める。そのために必要な経費を算出する、その額を手に入れられるだけの仕事をする。

むずかしいことでしょうか?

たとえ今むずかしいことのように思えても、「いつかそうしたい!「そうしよう!」と決めたなら、皆さまにもきっと実現するときが訪れますよ。

かく言うわたしも、「経済の友愛」を徹底的に生きているのか、と問われたら…今はまだ「いいえ」、と答えるしかないのです。

生きるために…必要なものだけを持つ…ということがどれほどむずかしいことか! わたしはわたしの内にある「物質に対する欲」と毎日闘っています。そしてわたしはどれほど物質に依って生きているか、ということを思い知らされています。

「ひびきの村」には、毎日のように、皆さまからさまざまなプレゼントが届きます。スタッフがそれを倉庫に並べます。スタッフ、受講生、父母がやってきて、必要とするひとが必要な物に名前を書きます。一つのものに数人の名前が書かれているときには、そのひとたちが集まって話をし、それをより必要としているひとに使ってもらうように決めます。

わたしもときどき倉庫の中で「あったらいいな」と思うものを見つけることがあります。「他に必要なひとがいなかったらください。必要な方がいたら譲ります」と簡単に書くことができることがあります。そう書くことができにくいときもあります。

それがなくても十分生活できているのに、「あったら便利だなあ」という思いに負けてしまうのです。

わたしは年をとりました。生きるために必要なものは年々少なくなってきています。ですから、わたしにとって「必要なものだけを持つ」ということが、以前にくらべて少しずつむずかしいことではなくなってきました。真にありがたいことです。

「ひびきの村」で暮らし、仕事をしている若いひとたちは本当にスゴイ! と思います。欲しいものはたくさんあるでしょうに! 彼らは本当に必要なものだけを持つように努力しています。そんな彼らの在り方と生き方が、「ひびきの村」に「経済の友愛」を実践させる力となって働いているのです。

「最後に」

皆さまとご一緒に考える最後の機会でしたのに、また、たくさんの方々のご質問に答えることができませんでした。「大村さん、最後ですから答えを短くして、なるべくたくさんの方の質問をとりあげましょう」と柴田さんに言われていたのですが…。

これはわたしがわたしのやり方に固執《こしつ》しているのだろうか？　わたしのやり方を捨てられないのだろうか？　たくさんの質問に簡単に答えた方が良いのだろうか？　受講されている皆さんはそう望んでおられるのだろうか？　と考えつづけていました。

わたしはこれまでにも、何度もこういう問にぶつかったことがあります。そのときにいつも思い出すことがあります。

あれはわたしが日本に帰って人智学共同体を始めよう、と決めたときのことでした。そのことを話すと、さまざまな反応がありました。「そんなの無理よ」「日本に人智学共同体をつくろうなんてなんて、早い早い！」「お金もない、体験もない、相応しい人材もない…ないないずくしの中でよく始めようなんて思うわね」…

そのときも、「わたしはわたしの思いだけで始めようとしているのだろうか？」「これは、わたしの思いであって、世界が必要としていることではないのだろうか？」…と思い悩みました。その時、わたしが敬愛する人が言いました。

「あなたがするのだから、あなたの考えるとおりにすればいいのです。迷うことはありません」と。彼は断固として言い切りました。

…他の人ではない、受講される皆さまとわたしの通信講座なのだから、わたしが考えるようにしたらよいのだ…他のやり方が良いと思われるひとは、そのひとの考えですればよい。わたしはそのことに関して批判も非難もしない…。わたしはそう考えて、わたしのやり方で進めてきました。

たくさんのご質問をお寄せいただき、本当にありがとうございました。お寄せいただいたご質問の殆んどに、わたしは答えることができませんでした。そのことを本当に申し訳なく思っています。けれど一方、「皆さまはもう答えを知っていらっしゃる！」と安心しているのです。なぜなら、皆さまが「問」を発せられるとき、それは、すでに皆さまの内に「答え」が用意されたときだからです。そうでなければ皆さまの内に「問」が生まれるわけがありません。ですからどうぞ皆さまの内側から聞こえてくる声に耳を傾けてください。皆さまのご質問を前にして、わたし自身が改めて学ばなければならないことの多さを痛感しています。焦《あせ》ることもあります。気持がはやることもあります。そんな自分をすべて認め、受け入れ、そしてできることから始めています。できないことはできるように努力します。

3年の間、共に考え、学ぶ機会を与えていただき、本当にありがとうございました。

大村祐子さんが直接レポートする、もう一つの「風のたより」

「ひびきの村」で生きる人

前号に続いて、今号は、家族を持つ「ひびきの村」のスタッフ紹介です。いつかぜひ、「ひびきの村」へおこし下さい。スタッフ一同、大歓迎です。

「ひびき村」のスタッフはどんな人？

5月号では若い独身のスタッフをご紹介しました。「『ひびきの村』のスタッフは若い人が多いのですか？」…いいえ、そんなことはありません。30代、40代のひとが多いのですよ。スタッフの中で今は57歳のわたしが最年長ですが、「シュタイナー学校教員養成プログラム」には、今年62歳、60歳、52歳になる受講生もいます。さて今回は、家族を持っているスタッフを紹介しましょうね。

いずみの学校、新1年生の担任、林田佐帆子さん

林田佐帆子さんは45歳、「シュタイナーいずみの学校」へ通っている6年生と9年生、ふたりの男の子のお母さんです。昨年の4月、「子どもたちにどうしてもシュタイナー教育を受けさせよう」と決意して長崎から引っ越してきました。

佐帆子さんはそれまで19年の間、公立の保育園で保育士として働いていました。行政との交渉を通じて、日本がどれほど役人によってコントロールされているかということを体験しました。けれど同時に、わたしたち保育士も学び、成長しなければならないとつくづく思いました。ですからここで、自分が今までしてきたことを見つめながら勉強して、自分にできることを小さな事から始めようと思います。

2学期を終える頃から、わたしは受講生一人ひとりと将来の計画について話をしました。

「佐帆子さんはどうされますか?」と聞くと、「長い間保育士をしていましたので、保育園、幼稚園、学童保育で働くことがいちばん相応（ふさわ）しいかなと思います。けれど、わたしがしたいというより、今ここで必要とされていることなら何でも、どんなことでもしようと思っています。」と答えました。

「シュタイナーいずみの学校」には、学校の精神的な柱となる役割を担う「コア・グループ」があります。そこでは学校のさまざまなことが話し合われ、そして決定されます。その中には教師の採用を決定する仕事もあります。

わたしたちは2002年に入学してくる新1年生の担任を林田佐帆子さんにしていただくことに決めました。「必要とされていることをします」という彼女の姿勢が、それを決定する鍵《かぎ》となりました。

勿論、彼女の中に「わたしでいいのかしら?」「そんな大それたことをわたしができるのかしら?」

1年生の担任として、本当にわたしが相応《ふさわ》しいのかしら?」という逡巡《しゅんじゅん》や迷いがあることも知っていました。そういうことも十分話し合いました。その上で、わたしたちは今年新1年生の担任として仕事をすることを望まれているのは佐帆子さんである、という確信を持ったのです。

「自分が何をしたいか?」…と考えてはいけないという訳ではありません。「自分には何が向いているのか?」と考えることも勿論必要でしょう。けれど、皆さまとご一緒に学んだ「人生の7年周期」にもありましたように、「自分がしたいからする」「自分が得意だからする」「自分が好きだからする」…という決め方は20代までのこと、せいぜい30代のはじめの頃迄のことです。

わたしたちは、たとえそれが自分の不得意なことであっても「必要とされているからする」。不本意なことであっても「望まれているからする」という生き方に変えなければならないのですね。

佐帆子さんはそれを十分に理解し、そのように生きる覚悟ができているひとでした。

長崎から一緒に移ってきたお母さんに助けられ、二人の子どもを育てながら、彼女は日毎《ごと》に「シュタイナー学校の教師」となっています。

長年、長崎で治療をつづけ、名鍼灸師《めいしんきゅうし》として功成（こうな）り名遂（なと）げた佐帆子さんのパートナーも、すべてを抛（なげう）ち、彼女の決断に従って伊達市に来たのでした。

患者さんの身体と心に聴き、患者さんの身体と心が欲していることに一つひとつ丁寧《ていねい》に応える彼の治療は今たくさんのひとを癒《いや》しつづけています。そして、評判を聞きつけたひとたちが、伊達市内は勿論のこと、近隣の市町村からも治療を受けるために、今日も彼の許《もと》に通って来ています。長男、光正君の卒業式に佐帆子さんはこう言っていました。

「わたしたち家族がした決断は正しかった」と。

「保育園であと2年働いたら年金もらえたんですよ。知人にそんなときに止めるなんてバカね、って言われました。でも子どもは成長することを待ってはくれませんから…。そんなこと考えていられなかったのです」

二人の子どもを連れて、暖かい長崎から入学手続をするのために佐帆子さんが「ひびきの村」を訪れたのは２０００年12月の寒い日でした。「お仕事を止めてしまわれて…いいんですか?」と訊《たず》ねたわたしに、佐帆子さんは笑いながらそう答えたのでした。そのとき、庭で雪合戦をしている二人の子どもたちの弾んだ声が聞こえてきましたっけ。これから彼女は、彼女と同じように決断をしてここへやって来るお母さんたちの力強い支えになることでしょう。

3、4年生のアシスタント・石尾紀子さん

1週間の仮入学の期間を終えて、4、5年生の合同クラスにもう一人の仲間が加わることになりました。彼女はダウン症という困難を持って生まれてきたトモカちゃんという名の10歳の女の子です。

仮入学なんていうシステムがあるんですか?　それって、もったいぶっていません?…いいえ、そうではないのです。

「シュタイナーいずみの学校」には今、治療教育を専門とする教師がいません。そんなわたしたちが、彼女にどのような教育をすることができるだろうか?…わたしたちは真剣に考え、模索していたのです。そして、彼女にとってもっとも相応しいと考えられる教育の方針を決めるために、1週間仮入学という形をとりました。そしてその間に彼女をよく見、聞き、感じて、本当に彼女が必要としていること、わたしたちが求められていることを知るために全力を尽くそうと考えたのです。わたしたちが分かったことは、彼女には特別のケアが必要であるということでした。3そして4年生クラスのアシスタント教師を務めている石尾紀子さんが「わたしがその役目を引き受けます」と言いました。

「トモカちゃんはいつでもわたしの心とわたしの姿を写し出す鑑（かがみ）です」…廊下で声をかけたわたしに紀子さんはそう話してくれました。彼女は今、その鑑と懸命に向き合っています。

「子どもに信頼され、尊敬される教師になりたいと心から願っています」と言う紀子さん。

ひたむきで、謙虚で、努力を惜しまない紀子さん。

2001年の3月、わたしは神戸の講演会で話をさせていただきました。終わって外へ出ると、すっと近づいてきたひとがいました。そのひとは「わたし、来月『ひびきの村』に行きます。『教員養成プログラム』をとります」と言ってにっこり笑いました。それが石尾紀子さんでした。

「ひびきの村」で力を必要としている所には、いつでも紀子さんのパートナーの姿があります。彼も…「ひびきの村」で「シュタイナー学校の教員養成プログラム」で学び、シュタイナー学校の教師になる…と決めた紀子さんの決断に従ったひとです。

一人娘の萌《もえ》ちゃんは「こどもの園」に通っています。萌ちゃんのとろけそうな、とびっきりステキな笑顔！　あれほど心の底から…嬉しい！　楽しい！　幸せ！…と伝えている笑顔を、わたしは見たことがありません！　お母さんとお父さんの生き方がそのまま、萌ちゃんの笑顔に表れているのですね。

特別メインレッスンを引き受けた大橋昌子さん

「明人くんは、昌子さんを自分の先生と思って心底慕っているんですね。遠足のとき、明人くんと僕たちが乗った車が先についたんですよ。車から降りるとみんないっせいに川に走っていきました。でも明人君は道ばたに立ったまま動こうとしないんです。僕が「明人君、行こう」と誘っても、来た道をじっと見ているんですよ。

で、少し経ってから昌子さんが乗った車が着きました。すると明人君は昌子さんの顔を見てすごく嬉しそうな顔をして…友だちの後を追って川に行ったんです。昌子さんが来るか来ないかとっても心配していたんですね。1か月も経たないのに、二人の間にはもうそんな信頼関係ができたのか、って、ぼく感動しました」…明人君のクラス担任の宏さんが話してくれました。

明人君は、彼の入学を希望されるご両親と一緒に昨年の12月、わたしのクラスに体験入学しました。これまで公立の学校で学んできた15歳の男の子です。障害を持っていながら、同級生と机を並べて学ぶことは彼にとってどんなに苦痛だったことでしょう。することなすこと、すべてが分からない、できないことだらけだったでしょうから…。

治療教育家の山下直樹さんにご相談し、たくさんのアドヴァイスをいただきました。そして考え悩み、逡巡《しゅんじゅん》した後、わたしたちは次のように考えました。

・明人君を彼の年齢に相応《ふさわ》しいクラスに受け入れる。
・メインレッスンは明人君に相応しい内容のものを、クラスとは別に明人君一人のためにする。
・メインレッスン以外の教科はそれぞれ担当の教師がクラスメートと一緒にするかしないかを決める。

明人君が転入学して1か月が経ちました。彼の声は日に日に大きく、はっきり、明るくなっていきます。いつでも下を向いていた顔が上を向くようになりました。自分から先生に話しかけるようになりました。明人君がクラスメートと冗談を言い合って笑う声が聞こえてきます。

今朝、九九の練習をするために、昌子さんと明人君は外に出ていきました。（教室は狭いので動き回れないのです）冷たい風が吹いていました。大きな声で数を言いながら前に進んだり後に下がったり…二人は春の光に包まれて輝いていました。そんな二人の姿を見て涙が溢《あふ》れて止まりませんでした。…先生だったら、だれもがこんなふうに心を込めて丁寧《ていねい》に教えたいと願っているでしょうに！　どんな子どもにもその子に相応しい教え方で必要なことを、必要なときに、必要なように教えたいと思っているでしょうに！…どれだけの先生が今、それを許される状況にいるでしょうか！

昌子さん、よかったわね！

二人の男の子を連れ、パートナーを大阪に残して、昌子さんは2001年の春、「シュタイナー学校の教員養成プログラム」を受けるために「ひびきの村」へやって来ました。「プログラムを修了したら、すぐに大阪に帰ってシュタイナー学校を始める」と、昌子さんは口癖のように言っていました。

けれど、学び、教師として経験を積むうちに、彼女の考えはだんだん変わってきたようでした。教員養成プログラムの終了式に、昌子さんはこんなことを話してくれました。「自分がいかに表面的なことばかりを求めていたか、いやというほど分かりました。もっと知りたい！　もっと学びたい！　無駄なことはしたくない…と。わたしは今までいつもそんなふうに思っていたのです」

そして、昌子さんは今日、こんなことを話してくれました。「大阪に帰って、何が何でもシュタイナー学校をつくろう！　って考えていましたけれど、それはただわたしのエゴイスティックな思いだったのじゃないかって…。本当にわたしがしなければならないことは何なのだろう…って考えています」

障害を持っている子どもを前にして、自分の在り方を真摯《しんし》に見つめはじめた昌子さん。もっと本質を大切にしていきたい、精神的な生き方をしたいと願っている昌子さん。

彼女の心からの願いが叶《かな》えられますように！

手芸の先生、奥田陽子さん

昨年、7、8年生の子どもたちと一緒に、リルケの詩を詠《よ》んだことがあります。それは、春のはじめの森に咲く「スミレ」を詠《うた》ったものでした。

大きな岩の陰にかくれてひっそりと咲くスミレは、一生人の目につくことなく枯れてしまうでしょう。けれど、そのスミレがこの世に存在することは紛《まぎ》れもない事実であり、それは世界の一部であり、世界はそのスミレなしには存在できない…と詠《よ》んだものでした。その詩を唱《とな》えながら、わたしはいつでも奥田陽子さんの姿を想い浮かべていました。

陽子さんは奥田岳史君と茜《あかね》ちゃんのお母さんです。子どもたちが学校で苦しいときを過ごしていることを知ってから、彼女の学校探しが始まりました。パートナーの忠彦さんと共に、二人の子どもが学ぶに相応《ふさわ》しい学校を探して日本中を巡《めぐ》ったと聞きます。

陽子さんと彼女の家族がはじめて「ひびきの村」を訪れたときには、ここに学校の兆《きざ》しがあったわけではありません。けれど、陽子さんと忠彦さんは「一筋の光を見た」と言うのです。そして彼らはその光に導かれて「ひびきの村」に移ってきました。

奥田さん一家が長野を発った日は大雨が降り、その中で作業することは本当に大変なことでした。…この大雨と風はわたしたちの行き先を暗示しているのだろうかと、とても不安でした…忠彦さんはそのときの気持を話してくれたことがあります。

でも、彼らが遭遇《そうぐう》したのはそれだけではありませんでした！　彼らを見送る虹が出たんです！

「僕たちが車に乗って直江津に向かっていたとき、雨がちょっと止みました。そして空を見ると虹がでていました。その虹はそれまで見たことがないほど大きな虹でした」…「気象」を学んだとき、岳史君が書いたエッセイにもその虹は登場しました。

不安な心を抱え、大雨の中を住み慣れた場所を離れようとしていた奥田さん一家にその虹はどれほど大きな希望を抱かせたことでしょう。こうして「シュタイナーいずみの学校」は、奥田さん一家が運んできた希望・「虹」によって始められました。

陽子さんは学校が始められたときから、手芸の教師として働いています。どんな小さなことも忽（ゆるが）せにせず、誠実に、着実に、丁寧《ていねい》に心を込めて…。陽子さんの存在と仕事が、わたしたちの教育の質を高めていることに、わたしは深い感謝の念を捧《ささ》げずにはいられません。

精神性の高い野田祥美（よしみ）さん

ルドルフ・シュタイナー・カレッジで働いていた

頃のことでした。「ユーコ、ヨシミの顔はまるで仏陀のように見えるわ」何人の同僚がそうわたしに話したことでしょう。祥美さんの顔は本当に仏陀のようなのですよ。前世ではよほど修行を積んだ仏僧だったのでしょうか？　祥美さんはいつもいつも精進して自らを高みに引き上げようとし、そして、いつもいつも自省しているひとです。謙虚です。絶対愚痴《ぐち》を言いません。弱音も吐《は》きません。

「祥美《よしみ》ちゃん、いいのよ、苦しいときは苦しいって言ったらいいのよ。我慢しなくいいのよ」…わたしはときどき見かねてそう声をかけます。それでも彼女は額を寄せながら笑顔をつくろうと努力します。

そんな彼女も我慢の限界に達することがあるのですね。時に猛烈に爆発することがあります。あれは彼女のお腹に赤ちゃんがいるときでした。「祥美が家を飛び出したまま帰ってきません」…彼女のパートナーから電話があったのはもう夜中の12時を回ろうとしていたときでした。外に出ると雪が顔にあたりました。凍《こお》った道路に雪が積もり、少しでも気をゆるめるとタイヤが滑ります。「こんな夜中にどこに行ったの？　祥美ちゃん！」わたしは懸命に探しつづけました。お腹の赤ちゃんが心配でした。

祥美ちゃんは大きなお腹を抱えて一人ぽつんと「ひびきの村」の事務所にいました。

彼女も家族から離れてひとり横浜からやってきたひとです。シュタイナーがどんなひとなのか？「ひびきの村」がなんなのか？　一緒にいるひとたちはだれなのか？…祥美ちゃんのおばあちゃんにはさっぱりわかりませんでした。祥美ちゃんが「ひびきの村」にやって来た後、しばらくの間「祥美はオウムにとられた！」と言っておばあちゃんはオンオン泣いていたそうです。

祥美ちゃんはパートナーと喧嘩《けんか》をしても、伊達には知る人もなく、「ひびきの村」の事務所しか行く場所がなかったのですね。

わたしは彼女を心から愛（いと）おしく思っています。そして心から尊敬しています。彼女はシュタイナー・カレッジ時代から共に働いてきた、数少ない同志の一人です。大切な大切なひとです。

わたしが彼女から学んでいること、それは「物質に対する欲をなくすこと」です。彼女は、まったく物に頓着（とんちゃく）しません。執着する心もありません。「そんなにあげちゃっていいの？」「少しは自分のためにとっておいたら？」…なんでもひとにあげてしまう彼女を見かねて、わたしはつい余計なことを言ってしまうことがあります。

でも本当は「彼女のようになりたい！」と、わたしは心から願っているのです。

「なんでもします！」と言う河村真理子さん

ソプラノとアルト、2台のライヤーを抱えてやって来た真理子さん。彼女が来てから「ひびきの村」の行事では、必ずライヤーの音色が聞かれるようになりました。本当にうれしい！

「祐子さん、わたししたいことがたくさんあるんです！」真理子さんは開口一番にそう言いました。「そうでしょう、そうでしょう。わたしもしていただきたいことが山ほどあるわ！」「わあ、うれしい！　わたししますからね。必要なことは何でも言ってくださいね」「もちろんよ。わたし、あなたにはじめて会ったときからご一緒に仕事をしたいって思っていたのよ。早く勉強を終えてね、そして、わたしを助けてね、って思っていたのよ。知っていた？」「ええ、感じていましたよ」「あなたが日本に帰ってきて青森に住む、って聞いたときもがっかりしなかったのよ。だって、真理子さんはいつか必ずここに来る、って…わたし確信していたから」「ありがとうございます。家庭の事情で青森で暮らす、って決めましたが、やっぱりわたしとわたしの家族が暮らす所はここだったんですね。移って来られて本当に良かった。ここへ導いてくれた子どもたちに感謝しています」

そんな会話を交わしながら、わたしは真理子さんがはじめてルドルフ・シュタイナー・カレッジを訪ねてきた6年前のことを思い出していました。

彼女は強い意志と、高い志を持ったひとでした。必ずカレッジに戻ってきて勉強するひとだと確信していました。それから2年が経ち、彼女が二人の子どもを連れてカレッジに来たのは、わたしが日本へ帰ってきた年でした。入れ違いにはなりましたが、彼女が日本人のためのプログラムで勉強しているとき、わたしは「古事記」の集中授業をするためにカレッジに行き、クラスのセクレタリーとして活躍している真理子さんに再会しました。

彼女に会うのはこれで3度目です。導かれてまた出会い、わたしたちは「シュタイナーいずみの学校」の同僚として共に働くことになりました。彼女の明晰《めいせき》な思考と、芸術的なセンスと、強い意志は、「ひびきの村」と「シュタイナーいずみの学校」を成長させる力となって今、確実に働き始めています。

すぐやるひと、佐藤あきともさん

この冬、わたしたちは「いずみの学校」の仮校舎を建設しました。素人ばかりの集団の中で、さまざまな技術を持っているひとがリーダーとして、わたしたちにその技を教えてくれました。

あきともさんもその一人でした。「あきともさーん」、「あきともさーん」…電線の配置（ちなみにデンセンマンと呼ばれていました）、工具の取り扱い、計算に長けているあきともさんを呼ぶ声が、建築現場のあちらこちらであがっていました。呼ばれるたびに「おー」と答え、大きな身体をひょいひょいと動かして、呼んでいる人の所へすっ飛んで行くあきともさんの姿をよく見かけたものです。

みんながあきともさんを呼ぶのは、彼がどんなことでも「すぐにしてくれる」からです。「ちょっと待ってて」「これが済んだら行くから」「あとでね」ということばを、あきともさんの口から聞いたことがありません。あきともさんは必要とされているときはいつでも、どこへでも飛んで行きます。いいえ、その人が必要だと気づいていないときにも、本人より先に気がついて、あきともさんは頼まれなくとも「する」のです。

あきともさんは2001年度の「シュタイナー学校の教師養成プログラム」で学びました。5年前に仕事を止め、それ以来専業主夫として3人の子どもを育てています。そして薬剤師のパートナーを支えています。

「シュタイナー教育は絶対に良い教育だ。うちの子どもたちにシュタイナー教育を受けさせるのはわたしたち親の役目だ」…あきともさんとパートナーの奈美さんはそう確信して「ひびきの村」へ移住してきました。3人の子どもたちは「こどもの園」と「シュタイナーいずみの学校」に通っています。

はじめの頃あきともさんの子どもたちは先生になってスーツを身に付け、ネクタイを締《し》めて学校へやって来るお父さんの姿を「なーんかへん!」と言っていました。でも、今はお父さんと一緒に学校へ来、一緒に帰ることをとても嬉しく楽しく思っているようです。「お父さんのスーツ姿すてきね!」とわたしが言ったら、みあちゃんは「ウフフッツ」って笑いながら、コクンとうなずいていましたもの!

あきともさんは高等部で数学、化学、物理を教えています。そして、8年生の「理数科目」のメインレッスンの助っ人もしています。

大滝村からやってくる山城一郎さん

2年前、「シュタイナーいずみの学校」で高等部を始めようと決めたとき、わたしは山城さんに目を付けました。そして「数学」を教えていただけるようお願いしました。

山城さんは大滝村で有機農業を生業（なりわい）とし、傍（かたわ）ら塾で数学を教えています。そうそう、家を建てる彼の技術はセミプロ級なんですよ。「こどもの園」の園舎は、彼と彼の仲間がつくった最高傑作のうちの一つだとわたしは確信しています。わたしがこれまで見たシュタイナー幼稚園の中で、もっともシュタイナーの思想を内に秘めた園舎だと、わたしは考えています。それは彼と彼の仲間が持っている高い精神性が創り出したものなのです。「いずみの学校」の仮校舎の五角形の美しいドアも彼らにつくっていただきました。

いつも穏やかで、落ち着いていて、緻密《ちみつ》な山城さんに、高等部の子どもたちは今、1週間に2回「数学」を教えてもらっています。思考の力が育つこの時期に、必要なことを、相応しく教えてもらうことができる子どもたちはなんと幸せなことでしょう!ありがたいことです。

姉御（あねご）と呼ばれている畑内浩子さん

「浩子さん、昔番長張っていたんですってね。ずごいわねえ」とわたしが言うと、「ちがいますよう。そんなことありませんよう」と浩子さんは否定します。でも、わたしは信じているんですよ、彼女が番長だったということを！

雰囲気といい、有無を言わせぬ話し方といい、落ち着いた仕事ぶりといい、どこからどこまでも往年の番長を思わせます。

番長の役割は「すべてのことに最終的に責任をもつこと」…そうなんです。浩子さんはいつでも、どんなときでも最後まで残って責任を果たすひとなのです。そうして、若い先生方に気合いを入れてくれます。でも本当は、浩子さんの生活は大変な状況にあるのですよ。

浩子さんのパートナーは交通事故に遭《あ》って以来、長い間入院生活を送っています。一人息子の翔太くんは心臓に欠陥を持っていて、今までにも数度の手術を受けています。彼の世話も浩子さんが一人でしています。この春にも大阪へ検査を受けに行かなければなりません。

浩子さんの家族は2年前まで苫小牧市に住んでいました。そして翔太君を「いずみの学校」に通わせるために伊達に引っ越してきました。

彼女の家にはいつでも「ひびきの村」に勉強に来ている人たちが下宿させてもらっています。浩子さんの作る食事はおいしいと評判です。そんな浩子さんをみんなが慕っています。

これからも浩子さんは「いずみの学校」の姉御として大いに活躍することでしょう。

なんでも訊《たず》ねる、吉田明美さん

明美さんは子どものような心を持っている人です。「学校がたいへん！」と聞いたとき、その場で直ぐ「事務の仕事をします」と言いました。直感が働くひとなのです。

学校を運営するために必要な仕事はたくさんあります。そのすべてがとても煩雑（はんざつ）です。「わたしはとても時間がかかるんです。すみません！」と言いながら、明美さんは必要なことを着実に進めています。

神奈川県の自然に恵まれた場所で、のんびりと暮らしていた明美さんは、ある日一人息子の秀星くんを「シュタイナー学校」に入れようと思い立ちました。北海道の伊達に「シュタイナー学校」があることを知って、そこにしよう！　と決めました。…「直感です」…それもまた即決（そっけつ）だったと聞いています。明美さんのパートナーもまた明美さんの決断に従って伊達に移住してきました。

彼は「いずみの学校」の「おやじの会」の仲間と一緒に、「マトリックス研究所」という会社をたちあげ、コンピューターのエキスパートとして近隣の市町村他で活躍しています。

ある日、わたしが学校の廊下を歩いていたと想像してください。突然、「祐子さん、変だと思いませんか？」…あちらから歩いてきた明美さんがすれ違いざま、突然そう言いました。そんなときは必ず明美さんが新しいことを考えているときなのです。「祐子さん、わたしたちが地域の学校と仲良くできないのは変だと思いませんか？　わたし考えたんです。祐子さんは『いずみの学校』の代表なんですから、伊達市の小学校や中学校へ挨拶に行ったらいいんじゃないでしょうか？」「そうね、校長会でお会いするだけじゃなくて学校へ訪ねて行くことも必要ね。どんな学校で、どんな子どもたちがいて、どんな人たちが働いているのか…分ったらいいわね」「わたし手配してもいいですか？」「ええ、そうしてくれる？　明美さんは思いついたことを直ぐ話してくれるから助かるわ、ありがとう」

こうして翌週には明美さんが手配してくれたスケジュールに従って、わたしは伊達市、壮瞥《そうべつ》町、有珠町の小中学校を訪ね、「いずみの学校」の子どもたちが学籍を置いている学校の校長先生や教頭先生と話をすることができました。

明美さんはいつもで直ぐに質問します。わたしが話したことについて理解できない点、学校の運営についての腑《ふ》に落ちないこと、教師と父母の理解が違うことについての疑問、子どもに対する教師の対応の仕方について…聞かれるので、答えるチャンスが与えられます。明美さんは「こんなことを言ったら他のひとがどう思うかしら？」「こんなことを聞いたらバカにされるんじゃないかしら？」「こんなことを知らないのはわたしだけかしら？」…と考えることがないのです。

いつも飾らずありのままでいる明美さん。時に誤解を受けることもあるでしょう。ときには疎（うと）まれることがあるかもしれません。ひとはなかなか率直になれません。ですから、どんなときにも率直でいられる明美さんが眩（まぶ）しくて、そばにいると目を開けられないひとがいるかもしれません。

けれど、いつも自分が本当に感じていることだけ、考えていることだけを話し、行う明美さんの在り方は、子どもたちの心に深く刻《きざ》み込まれているに違いありません。なんでも率直に話す明美さんをわたしは心から敬愛しています。そして、いつかわたしも明美さんのようになりたいと思っています。

今日も明美さんが振る鈴の音で、わたしたちの一日が始まります。

一人ずつ書いていたら、もうこんなに字数が増えてしまいました。「大村さん、今回は『ひびきの村』の未来図を書いたらいいんじゃないですか」と、柴田さんに言われていたのに…。

ここで暮らし、共に仕事をしている仲間を、皆さまに知っていただけたら、と思いました。ここへ移って来る前は、彼らがどこでどんな暮らしをしていたのか？　どんなことを感じていたのか？　どんなことを考えていたのか？　なにが彼らに「ひびきの村」へ移住することを決断させたのか？　彼らは何を求めて来たのか？　今何をしているのか？　そして、これから先は？…彼らの姿を一人ひとり思い浮かべながら書いていていてわたしが感じたことは…みんななんて違うんだ！…ということでした。姿形（すがたかたち）、動き方、話し方、声、感じ方、考え方…何もかも違います！　こんなに違うひとたちが共有しているものはいったい何なのでしょう！

子どもをより良く育てたい！　たった一つの願い、それだけがわたしたちが共有しているものなのです。もしかすると、ここに集まったすべてのひとによって「より良い教育」が「シュタイナー教育」

である必要もないのかもしれません。けれど、少なくとも「ルドルフ・シュタイナーの思想を基に行われているシュタイナー教育は、真に子どもが必要としている教育である」…という考えにおいてわたしたちは一致している、ということなのだと思います。

わたしたちは「それでいい」と決めました。…「いずみの学校」をフリースクールとする…と決めたときに、そう覚悟をしました。事実、「いずみの学校」がシュタイナー教育を実践している学校であるということを知らずに「子どもを入学させたい」と希望する親御さんもいます。

以前にも書きましたが、そういうことも起こりうると予想したときから、わたしたちはよりいっそう、わたしたちの思想を強め、それを生きることを努めようと決意したのです。わたしたちがシュタイナーの思想を生きる、そのわたしたちが行う教育がシュタイナー教育になり得る…そう確信しています。

勿論、「シュタイナー教育」だけが良い教育である、世の中の学校はすべて「シュタイナー教育」を行うべきである、などとわたしたちは考えていません。わたしたちがこれまで生きてくる道のりで、わたしたちはルドルフ・シュタイナーの思想に出会い、その思想を実践するシュタイナー教育に出会いました。そしてシュタイナー教育が子どもの成長を助ける力になる教育だということを確信しました。

これからも、わたしたちは子どもが生きるために真に必要な力を得るために仕事をつづけます。目の前にいる「いずみの学校」で学ぶ子どもたちのためだけではありません。その向こうにいる大勢の子どもたちのために、そしてその子どもたちのために力を尽くしている大人と手を取り合って…。

「ひびきの村」の夢

わたしたちは今、「ひびきの村」の機能をすべて一つの場所に集められる場所を探しています。町の中、海が見える丘、町から遠く離れた山奥、過疎が進んでいる村…いくつかの候補地があります。

土地の値段が安い、水が出にくい、行政の協力が得られる、交通の便がよい…さまざまな条件があります。けれど、「ひびきの村」の場所はそのような物理的な条件で決められるものではないとわたしは考えています。もしかすると、わたしたちのために用意されている場所は、物理的にはもっとも条件の悪い所かもしれないのです。そして、わたしたちは多くの困難を克服しながら「村」を創りあげなければならないのかもしれません。

「ひびきの村」の多くの人が「ここがわたしたちに約束されている場所だ」と考えている場所があります。

そこがそうであるのか？　そうでないのか？……

「通信講座」はこれで終わります。けれど、皆さまにはこの先もきっといろいろな場所でお目にかかり、ご一緒に考え、感じ、学び、行うことができるでしょう。それはどれほど先のことになるでしょうか？　そのとき、「ひびきの村」はどのように変わっているでしょうか？　それを皆さまにどのように報告することができるでしょう？　とても、とても楽しみです。

…保育園、幼稚園、小学校、中学校、高等学校、大学（精神科学、自然科学、文学、芸術など、どんなひとも学ぶことができるプログラムすべてを持つ）、生きるために必要な、さまざまな技術を習得するための学校、医療センター、農場、工房、レストラン、宿泊施設、お年寄りと一緒に暮らす家、障害を持っている方と一緒に暮らす家、出版部、住宅、教会、墓地…

生きるために必要なものがすべて備えられ、整えられて、本当の「村」になるのはいつのことでしょうか？

本州や、九州、沖縄や四国などで暮らす皆さまにとって、北海道はとても遠い所です。けれど、物理的には遠く離れていても、精神においてわたしたちはいつも共にいると感じています。

どうぞ、「ひびきの村」をあなたの「精神のふるさと」だとお考えください。そして、いつでもあなたの思いをわたしたちに向けてください。わたしたちもいつでも皆さまのことを思っています。「ひびきの村」に暮らしていなくても、ワークショップやサマープログラムに参加されなくとも、皆さまとわたしたちは同じ志を持つ仲間なのです。与えられた日々の仕事をすることによって、「精神の進化」を遂げることを目的とした仲間なのです。たとえ、その仕事がだれの目に留まらなくとも、だれに評価されなくとも、だれに誉《ほ》められなくとも…。

わたしは知っています。わたしの仲間も知っています。あなたがあなたの場所で励んでいらっしゃることを…。そして、あなたもご存知ですね。わたしたちがここで励んでいることを…。

「ひびきの村」はいつでも、いつまでもあなたの場所であることを忘れないで下さい。

ありがとうございました。

2002年度

「ひびきの村」からのお知らせ
—サマープログラム—

ひびきの村恒例、夏の公開講座です。シュタイナー教育を体験していただけるよう大人・子供向けのさまざまなプログラムをご用意しました。今年はひびきの村サマープログラム始まって以来はじめて、実際に使用されている小中学校「いずみの学校」や幼稚園「こどもの園」の教室が会場になります。実際のシュタイナー教育を肌で感じてみて下さい。夏休みを利用して、多くの方の参加をお待ちしています。

日　程	大人のためのプログラム	子どものためのプログラム
A 7／22(月)～7／25(木) B 8／15(木)～8／18(日)	家庭でできるシュタイナー幼児教育	託児プログラム 幼児プログラム 小学校低学年プログラム 小学校高学年プログラム
A 7／25(木)～7／28(日) C 8／6(火)～8／9(金)	パートナーシッププログラム	併設されていません
「7／31(土)～8／3(土)	父母のためのシュタイナー教育	託児プログラム 幼児プログラム 小学校低学年プログラム 小学校高学年プログラム
B 8／21(水)～8／24(土)	芸術プログラム	託児プログラム 幼児プログラム 小学校低学年プログラム 小学校高学年プログラム
8／21(水)～8／24(土)		サマーキャンプ
8／28(水)～8／31(土)	オイリュトミーによる治療教育	託児プログラム 幼児プログラム 小学校低学年プログラム 小学校高学年プログラム

※パートナーシッププログラムBは父母のためのシュタイナー教育「に変更になりました。

※定員一杯になりましたプログラムは掲載しておりません。

大人のためのプログラム

◎家庭でできるシュタイナー幼児教育A/B

定員各35人
内容…ひびきの村の幼稚園「こどもの園」の生活の体験・講義・クラフト・にじみ絵

「シュタイナー教育」は「シュタイナー幼稚園」や「シュタイナー学校」がなければできないとお考えですか？ そんなことはありません。「シュタイナー教育」は、あなたの家庭でもできるのです。

◎パートナーシッププログラム　A/C

定員　個人、パートナー各20人
内容…オイリュトミー・会話・シェアリング

生活を共にするパートナー、一緒に仕事をするパートナー、市民活動を共にするパートナー。私たちは様々なパートナーをもっています。

より良いパートナーシップとは何でしょうか？ どうやったらより健康的、建設的なパートナーシップを持つことができるのでしょうか？

治療オイリュトミストのアンドレアス・ベズーフとともに、オイリュトミーと会話を通じてパートナーシップを考え、より良いパートナーシップを築くためのエクスサイズをいたしましょう。

◎父母のためのシュタイナー教育

（シュタイナー教育小・中学校入門編）

定員30人
内容…メインレッスン・講義・水彩・オイリュトミー・音楽・季節行事など

「シュタイナー教育を受けさせたいけれど、近くに学校がないから・・・」と言って諦めてはいませんか？ 諦めることはありません。学校がないのなら、あなたが教えたらよいのです！

美しいものに感動しましょう！ 真実なものを大切にしましょう！ 貴いものを敬いましょう！ よきものに従いましょう！ 正しい行いをいたしましょう！

わたしたちがそう生きること・・・それが真のシュタイナー教育なのです。

◎オイリュトミーによる治療教育プログラム

定員35人
内容…オイリュトミー・講義

電気機器やコンピューターに囲まれ、自然の営みとかけ離れたあり方をしているためにだれもが様々な感覚の力を失い、身体と心のバランスを欠くようになってしまいました。

　高度に発達した文明の中で失いつつあるさまざまな力をわたしたちの内にとり戻すために、どうしたらよいか・・・治療オイリュトミストのアンドレアス・ベズーフとともに、ご一緒に学びましょう。

子どものためのプログラム

※子どものためのプログラムはパートナーシッププログラム以外のすべての大人のプログラムに併設されています。

◎託児プログラム（母乳を飲んでいない1歳から3歳のお子さん）
定員各10人
◎幼児プログラム（4歳から6歳）
定員各15人
◎小学校低学年プログラム（小学1年生から3年生）
定員各15人
◎小学校高学年プログラム（小学4年生から6年生）
定員各15人
◎子どものためのサマーキャンプ（小学4年生から中学3年生）
定員15人
　支笏湖畔のキャンプ場で自然を体験します。朝は、環境を清潔に美しく保つために掃除をすることから始まります。昼は湖で泳ぎ、カヌーを漕ぎ、山に登り、尾根を歩き、鉱物や植物、動物を観察してスケッチします。そして夜は星空を仰ぎながら神話を聞きましょう。食事は自分たちの手で作ります。

●費用

大人のためのプログラム

参加費用38、000円（教材費・昼食代込み）
（但し父母のためのシュタイナー教育」は37、000円）
※ご夫婦で参加される方は配偶者割引が適用され、お2人目が半額になります。

子どものためのプログラム

参加費用31、000円（教材費・昼食代込み）
（但し父母のためのシュタイナー教育「は30、000円）
サマーキャンプ48、000円
（食費、キャンプ3泊、千歳空港までの送迎費、保険代を含む）
＊兄弟姉妹で参加される方には割引があります。

●お問い合わせ先　ひびきの村事務局
TEL　0142・21・2684
FAX　0142・21・2694
E・メール　hibiki@hibikinomura.org

●お申し込み方法
所定の申込書と資料をお送りしますので、ご請求ください。尚、ホームページからでも申込書を入手できます。

◎送迎・宿泊ツアー
宿泊と「ひびきの村」までの交通機関をセットした、サマープログラム参加者のための送迎・宿泊のツアーがあります。東京発着、札幌千歳空港発着の2コース。国内各地から千歳までの航空券も扱います。

●ツアー問いあわせ　（株）大陸旅遊　担当　大塚
TEL　03・3376・2511
FAX　03・3376・5280
※すべてのプログラムの日程、時程、内容はやむを得ず変更されることがありますので、予めご了承ください。

NAA（大人のための自然と芸術と人智学を学ぶ）プログラム
NAAユース（若者のための）プログラム

2002年度 第2期9月17日(火)～12月20日(金) 3ヶ月間
●受講料：21万円（昨年度例）
●授業時間：午前8時50分～12時40分

「私は人のために何かしたい、人の役に立ちたい。けれども、自分に何が出来るのだろう？そもそも私はいったい何のために生まれて来たのだろう？」ＮＡＡプログラムで学ぶことは、人生の謎を解くカギとなり、私たちが歩む道に光を投げかけてくれるでしょう。
また、18歳から21歳を対象にしたＮＡＡユースプログラムは人生についてゆっくり考えたい人、自分が本当にしたいことを見つけたい人、人智学に興味のある若者が集い、共に学びながら多くの体験をしています。

「ひびきの村」ホームページhttp://www.hibikinomura.org
Eメールアドレス　hibiki@hibikinomura.org
「ひびきの村」事務局　TEL0142・21・2684
FAX0142・21・2694
〒052-0021北海道伊達市末永町47須藤ビル3F

教師の方を優先させていただきます。

ナー教育」連続特別講座

＜主な内容＞（予定）

大村祐子	一般人間学、メインレッスン、ストーリーテリング、子どもの発達段階
小野里このみ	音楽、コーラス、リコーダー
中村トヨ	水彩画
米永宏史	スペーシャル・ダイナミックス

※その他講師、及びオイリュトミーなども予定されています。

緑の木立に周りを囲まれた
環境抜群の学校。
（ご好意によりお借りできました）

＜会場＞
横浜国際女学院
翠陵中学・高等学校
グリーンホール他

●住所
神奈川県横浜市緑区三保町1
●交通
東急田園都市線青葉台駅よりバス
JR横浜線十日市場駅よりバス

●申し訳ありませんが、託児はありません。

●お申し込み・お問い合せ

「ひびきの村」　TEL 0142-21-2684　FAX 0142-21-2694
〒052-0021　北海道伊達市末永町47　須藤ビル3F

■2002年7月8日～　受付開始

参加費用は上記にお申し込み後、郵送にて資料をお受け取り後にお支払いください。

教師の方以外も参加が可能です。但し

教師のための「シュタイ

すでにお知らせいたしましたが、大村祐子さんと、「ひびきの村」教師スタッフによる、教師のための連続特別講座を以下のように開催いたします。7月8日から受付を開始し、参加費用をご入金いただいた方から順番に申込み登録といたします。ご了承ください。

（くわしい内容は、「ひびきの村」へお申し込み後、資料をお受け取りください）

＜日程＞

原則として、4か月×各2日、計8日間とも参加可能な方に限らせていただきます。（日程は一部、すでに発表されたものと変動があります）

9月	21（土）	22（日）	合計8日間
10月	12（土）	13（日）	
11月	23（土）	24（日）	
12月	14（土）	15（日）	

＜時間＞

いずれも10時スタート～16時30分頃終了（予定）

＜参加費＞

全日程　80,000円、教材費実費3,000円
必要な書籍（テキスト）は別途各人でご購入いただきます。

＜募集人員＞

最大80人まで（会場等の都合で50人になるかもしれません）
※遠方からご参加の方には、会場近くのホテル等の情報を提供いたします。お申込は各自でお願いいたします。また、昼食やご用意していただくもの等は、資料をお送りするまでに明確にいたします。

心の教室 （第3期）6（最終回）

［読者のおたより］で構成する、編集部と読者間の交流ページ

**長い間、ご愛読、アンケート投稿、ありがとうございました。

今号は、なるべく目一杯、掲載します。

秋から予定している「通信講座」同窓会のような会報で「心の教室」を再開しましょう！**

イラスト／今井久恵（ほんの木）

●ご意見、ご感想などがありましたら、今後もどうぞ編集部までご一報下さい。FAX、手紙、メール、電話……でどうぞお気軽に……。

●あて先〒101-0054　東京都千代田区神田錦町3－21　三錦ビル
（株）ほんの木　TEL 03-3291-5121 FAX 03-3295-1080
メール　info@honnoki.co.jp
ホームページ　http://www.honnoki.co.jp

●ホームページには、シュタイナー関連書籍全212冊のご案内と「ほんの木」の出版物のご案内があります。

ちょっと ひとこと

シュタイナー思想とは何？ この日本的風土で果して、どこまで社会が変わるのか？

■3月21日の上智大での講演会に、産休補助教員をしている友人と参加しました。私としては教職にある友人の意識を高めたかったのですが、大村さんの人柄には感銘を受けたものの、シュタイナー教育に関しては届かなかったようで残念です。子育て仲間にも同じ反応を感じることが多いのですが、何故でしょうか？

私も3～4年前、子育てに疲れ切って現実逃避し、ノイローゼ気味だった頃、シュタイナーの思想に耳をふさぎたくなることがありました。心や体や生活が本当に辛くて余裕がない人は、精神の進化を目指すシュタイナー思想は重すぎると、少しは理解できるのですが。

それにしても、今、自分のこと、自分の子のこと、自分の家族のことしか考えられない人が多いような気がします。5～6年前、シュタイナー教育の本を紹介した人に「お嬢さん育ちの人が好みそうなことね」と言い放なたれました。今思うと、その方は心の余裕が足りなかったのかもしれません。悩みを相談された覚えもあります。人それぞれ、育った環境が違い、受け取り方も様々です。シュタイナー思想は全ての人に受け入れられるのでしょうか。私には今の現実の世界が物質世界に沈み行き、皆、自分のことばかり考える方向へ進んでいるように思えてなりません。癒しの必要な大人と子ど

もが多いのかもしれませんね。（東京都／RAさん）

■どんどん時代の要請に生で応える、核心に迫るものになってきたと感じています。理論を「お勉強」するのでなく、各人のできる範囲で、できることをやっていくよう励ましてくれ、実践的なエクスサイズ、大村さん自身のあり方、大村さんの出会った方々の生き方を具体的に示してくれるので、それを参考に自分なりの模索をしています。同時代を生きる同志の存在にいつも力づけられ、ヴィジョンを大きく持ち、希望を持ってやってみよう、という気になります。

教師の卵としてこれまで数校のドイツのシュタイナー学校を見てきて、教師間の関係がとても大切だと感じています。そういう意味で教師会のやり方、人智学会との関係などにも興味があります。（中略）というのも、日本でシュタイナー幼稚園や学校を立ち上げようとする場合、話し合いの仕方がうまくいかず、グループが分かれてしまって、お互いに口をきかなくなってしまったり、というようなことを耳にしたこともあり、「本音と建て前」と言って、なかなか腹を割って話をする風土ができていないための日本に特有の困難というのもあるような気がするのです。

また、サクラメントの日本人用コースでは、日本の風土、歴史、経済、文化などを知ることのできるカリキュラムであったようですが、その内容にも興味があります。というのも、今号（5号）のQ＆Aに出ている質問を私も抱きつつドイツで教員養成を受けており、また日本の学校で学んだことは、本当の日本の姿を把握することにつながっていないと痛感しているからです。世界の現状における日本、メディアの情報に振り回されずに自分の考えを築くためにどうすればいいのか、といったこともテーマにしていただきたいです。

今、ドイツのヴィッテン市の教師養成を受けている日本人を中心に、帰国してシュタイナー教育を実践していくに当って、ドイツで学んだことをどう日本で生かしていけばいいのか、直輸入するのでなくて日本人にマッチしたやり方があるのではないかと話しています。それを把握するためにいいアドバイスがあればお願いします。（ドイツ／的場麻理さん）

■5号にも載せていただきましたが、子育てのヒントが学べればと入会したのに、結局は自分探し、そして自らの生き方を探し求める基となりました。世の中にシュタイナーの考え方が広まると、どんなにか生きることが苦しくなくなるのに……と思います。

大村さんが世の中のために必要だからと始めてくださったおかげで、私の人生も輝き始めました。偶然、知ったと思っていたシュタイナー教育ですが、必要であったとこの頃思っています。ありがとうございます。

娘の学校に、脳性マヒの女の子がいますが、彼女を受け入れない親もいて「障害がある子は〈特別な学校〉に行ってちょうだい」と言ってはばかりません。「教育のすべてが治療である」という、シュタイナーの言葉の意味を深く学びたいと思っています。それにしても、「学校はなにかおかしい」——その通りですよね。（中略）「学校信仰」「学歴重視」をやめた頃から、私も子どもも少しずつ世の中の〝おかしさに〝気付き、自分の生き方を改めようと考えました。「障害」を持った子どもを受け入れられない学校に、今いちばん腹が立っています。親たちも我が子の学習権を主張し、「障害」を持った子どもをじゃまにしています。こんな権利の取り違えさえまかり通っている世の中で育った子どもたちが、幸せに暮らし、他者に帰依することを喜びと感じることができるのだろうか……?

中国、瀋陽の日本総領事館で起こった出来事をニュースで見る度〝誰のために仕事をすべきか〟を学ばす大人になった「学歴の高い人たち」を、そうしてしまった世の中に対して不安に思うのです。——私も世の中が必要としている仕事をしたいと強く思います。

（大分県／萩本雅子さん）

本音の声がビッシリ!

さてさて、第5号のアンケートが続々到着です。抜粋ばかりですみません。

■まだ3期のみですが、シュタイナー教育の奥深さ難しさを大村さんのわかりやすい解説で、私にも何とか読みこなすことができていると思います。本日、1、2期とも注文をしました。今後が自分でも楽しみです。

（千葉県／ASさん）

■私は仏教徒ですが、仏も生きる目的を魂の進化だと言っています。この世は修行の場であるということです。シュタイナーに共感するのはそこが共通しているからです。シュタイナー思想に基づく教育は、今本当に必要だと思っています。教育界（文部省を主とする）はこのことに早く気づくべきです。

（山口県／MTさん）

■もっと一般を意識したシリーズを始めて欲しい。人智学の香りをむしろ消し去るメッセージが大切。母や教師が最も陥りやすいワナについて述べて欲しかった。一番大切なことは、父母の仲良い心と子どもが日々楽しく明るく送れること。どうすればシュタイナーを一般の場で本当に生かすことができるか、本当のところが、誰も未踏のことです。（大村さんへのメッセージ）一般こそが現実の中で生きることだからです。日本版「緑の党」を実現していって欲しいです。また各地にある幼稚園の教師たちへの教育が必要です。未熟すぎます。

（兵庫県／YFさん）

■1、2、3期すべて読みました。受ける方は批判するけれど、これをつくり出すのは大変なこと、と思うと頭が下がる思いです。大村さんと柴田さんなくしてはなかった、すばらしい企画。これからもがんばって下さい。ただしこの形での学び方には、私自身少々疲れたので、これからは違った形でシュタイナーの思想と取り組んで生きていきたいです。

自分がこの世に生まれてきた目的、意味を見つけること。エゴイズムを捨て、社会に貢献できる生き方を探すこと。そしてわが子にもそういう生き方をしていって欲しいと願う教育。が、それです。（私は教員なんですが）ひびきの村を世界中の人に知ってもらい、アジアのシュタイナー共同体の中心になって欲しい。遠い東京の空から祈っています。大村さん、どうぞお体を大切に。

（東京都／ＡＳさん）

■本当のことを書くと、全部を読み切って理解しているところまで行っていません。それは大村さんの世界を想う気持ちの強さに、私の気持ちがついて行けなかったからです。世界をしっかり見つめた方の書は、それより弱い心の者には、その想いをどう消化してよいのかわからないところがあります。結局、自分自身を知ることになったと思いますが。

勉強不足ですが、シュタイナー教育とは、まず目の前の自分の子どもを無条件で抱きしめ愛し、その子をそのまま受け入れ見つめることのように思います。とってもとっても悩みました。私がシュタイナー教育に憧れたのは、水彩画の美しさや、お人形、季節のテーブルではなかったかと、人の書による共感だったのではと、しっかり自分で感じ考えたか、まだ悩んでいます。

（埼玉県／小谷野美佐子さん）

■1期の①から皆で読んでますが、シュタイナーを学ぶのに本当にわかりやすく、よく組み立てられていると感じています。何度読んでも〝ああそうだったのか〟と新しい気付きがあるのも嬉しいです。この本をもとに、どんどん勉強会が広がればと思います。おかげで私の学びも深まり、いつも手元に置くことで、焦りもなくなってきました。大切なシリーズ本となっております。

今後のものについて、教師や子どもたちを導く人に向けて、掘り下げたテーマのものがあればと思います。現場の先生方も、本当に余裕がなくて苦しそうなので、サポートしたいけれど壁が高くて、どうしていけばよいか。現実に生きる私たちは、どう学んだものを生かしてゆけばよいのか、大きな波に立ちつくすことが多いのです。教師ではありませんが、銃を持って遊ぶ子どもたち、公園で朝まで飲みあかす青年たちを前に、私はどう行動すればよいのか迷います。そんな時の力になるような講座を期待しています。（三重県／Ｙ－さん）

■産前、産後としばらくシュタイナー関連の講演会、勉強会、ワークショップなど、母と子の体調や地理的なこともあって参加できませんでした。しかしその間継続的に人智学を学ぶことができたのがこのブックレット・シリーズでした。また、心の教室に参加することで受け身だけではない通信講座でした。

人智学は私にとって、私利私欲のためではなく、真に世界が必要としていることを、必要な時に正しく実行していく人間へと導くための思想だと思います。大村さん、通信講座で、また直接お会いして、とても多くのことを学ばせていただき、本当にありがとうございます。これからもどうぞよろしくお願いいたします。

（岩手県／山下恵美さん）

■1期は子どもの教育について学び、子どもをよく理解するのに役立ちました。2期で子どもの前に立つ大人としての自分自身を理解することができました。そして3期は、私自身のこれからの在り方が問われる刺激的な感じで、毎回ドキドキして読みました。1～3期どれも、その時その時の私自身にピッタリくる内容でした。

シュタイナーは、自分が生まれ、様々な事をしてきた理由を理解し、これから何をどうすれば良いのかを、本当に認識して、この人生での自分の使命を果すために、なくてはならないものと感じています。シュタイナー思想に触れると、胸の辺りがドキドキして、ジーンと感動します。魂から求めているという感じです。

いつか必ず「ひびきの村」に行って、御一緒に学んだり、働いたりしたいと強く思っています。大村さんありがとうございます。「ひびきの村」があることが、日々の私の支えになっています。これからも頑張っていかれるよう、心からお祈りしております。

（埼玉県／羽入博美さん）

■総じて大変分かりやすく、よかった。今期は去年のテロ事件の影響が大きかったと思う。一緒に考えさせられたけれど、シュタイナーの通信講座という意図から、少しそれたのでは……という危惧もあります。先号のグローバリゼーションがいけないことだというのは、正直びっくりでした。

今後は、公立校でもシュタイナーのいい所を取り入れてくれればと強く思います。が、先生方は知らないか、受けつけてくれないというのが実情です。もっと社会的に認識されるようになって欲しいです。精神の進化――日々精進です。

（福岡県／SAさん）

■「ひびきの村」からの通信と、大村さんのテーマ別の学習的なものを特集にし、両方から投げかけるものをひとつにまとめたら、無駄なく、また、みんなへ強いメッセージになるのでは？　大村さん以外の「ひびきの村」のスタッフの方で、何人か、テーマやコーナーを受け持ち、名前を出して書かれてはどうかな？と思いました。

大村さんの書いたものを読むと、手紙のような文だからでしょうか、親しい友人のように、身近な人に感じます。去年「ひびきの村」に行ってから、移住を真剣に考えましたが、未だ、今いるところでやるべきことがあるようで、行けませんでした。いつか共に活動できたらと思っています。

（東京都／黒瀬ふみ子さん）

■いつも多くの気付きを頂き、感謝しています。特に3期は、タイムリーなお話が多く、とても読みごたえがあると思います。大村さんに御無理のない範囲で、是非第4期も始まるととてもうれしいです。

（山口県／AMさん）

■シュタイナー教育って、幼児期～青年期までのものと思っていましたが、人生すべて関係しているんだとわかりました。自分が自分の人生を歩むために、今すべき事をシュタイナーは教えてくれているように思います。大村さんのわかりやすい書き方で、専門書ではわからなかったことが、少しずつわかってきたように感じます。子どものために始めましたが、今では自分が過去にやり残した事をシュタイナーを学びながらやっているように思います。

通信講座ありがとうございました。「ひびきの村」での活動を深めていって下さい。

（広島県／行友和江さん）

■3期しか受けていませんが、思った事を書きます。途中であのテロが起きたことが、書く側、読む側お互いにとって予想外の変化があったと思います。1〜2期、どんな内容だったか分かりませんが、その事に対して、大村さんが自分がどのように感じているかを確認してみつめられたんだと思います。御自分の人生とシュタイナーの人智学との出合い、苦しみなどがかくす事なく書かれているので、自分の経験にてらし合わせて考えられるので分かり易かった。

（東京都／みやぎあきこさん）

■1期から参加させてもらっていますが、3期になってから心にストンと落ちてくることが増えました。もう少しこの形式での講座を続けて欲しいと思います。「いずみの学校」がフリースクールになったとのこと、大変うれしく思っています。「壁」が取り払われたように感じられましたので……。もしかしたら息子が学ぶ時が来るかもしれないなどと思っています。今は「死」の最中にいる私です。「復活」したいものです。

（東京都／ＡＮさん）

■「らでぃっしゅぼーや」を通じて、グロッケンやライヤーを購入したところ、子どものおもちゃにしては、とてもよい音なので感心しています。北海道には毎年2か月程滞在するので「ひびきの村」へも訪ねてみたいです。

（東京都／ＴＦさん）

■1期、2期を受講中は「シュタイナー思想など理想やきれいごとにすぎない」と思うことがありました。本に書いてあるからと、テレビを子どもに見せないことを実行しようとしても、家族の理解が得られず無理でした。他にも色んなことを変えなくちゃ、これもダメ、あれもダメ……と試みては失敗し、落ち込むことの繰り返しだった様に思います。シュタイナーを学ぶはずが、何かマニュアル的なものに従うということで終わってしまったという感じです。大村さんが本当に伝えたいとお思いのことが、私の中には入って来てなかったと思います。でも大村さんのせいではなく、私自身が読みとれていなかったということです。

　3期に入ったころから、急に自分が変わっていくのを感じました。シュタイナーがやっと解りかけてきました。理解するというよりは、ある時、ハッと気付く、あるいはひらめくと言った方が近いのかもしれません。スピリチュアルなことに触れても、前まであった拒否感がすっかり無くなっています。それから、今までは短時間で効果的に学ぼう、何かを得ようというふうに力んでいたのですが頭に知識を詰め込む受験勉強のようなわけにはいかないんだと、姿勢を改めました。一度お会いしたいです。でも遠くて北海道まで行けません。姫路で講演会をしてください。無理なら神戸や大阪でも。仕事をすっぽかして参加します。（兵庫県／賀前知可許さん）

■（今現在感じていること）20代後半、人生につまずいてキリスト教に救いを求めました。10年以上キリスト教の中にいて、他力本願のなまぬるさに嫌気を感じました。その頃「ひびきの村」のことを知り、昨年娘が教育養成コースを受講しました。（今は「いずみの学校」のアシスタント教師）シュタイナー思想は自力本願のような気がします。自分に力をつけ、真理を歩める人間として、自分を育てていく思想だと感じています。

祐子さんの熱意、誠実さからくる忙しさは、遠く離れている私にも感じられます。「ひびきの村」は私にとっての生きる望みです。本物の道を歩みたい、本物の人間として生きたいと願い続けている人達が「ひびきの村」に居る。ただそれだけで望、願いつつもそこに行けない私には、励みになります。祐子さん、「ひびきの村」を育てて下さい。大切に大切に育てて下さい。

（北海道／林妙子さん）

■3期とも購読させていただきましたが、毎回ブックレットが届けられるのをとても楽しみにしておりました。テーマも、自分にとってタイムリーなものも多く、わかりやすく、大村さんの言葉で語られているところに好感が持てました。時には大村さんの個人的なことまでも活字にして、私たちに示していただいたこと……〝自分と向き合う〟ということについて、考えることができました。私はとても満足しております。くれぐれもお体を大切になさってください。あまり無理をなさいませんように。

（大分県／NKさん）

■勤めていた職場を3月で辞め、9月頃から新しい仕事探しを始めようと思っていたところですが、今この与えられた休みの間に、また第1期から読み直し、一人でエクスサイズなどをしています。北海道で実際に授業は受けることができませんが、来れない人達のために、大村さんが全力で書いて下さった本だと思っています。きっと力になると信じています。シュタイナーは言葉では言い表せない、何か求め続けていたものが、やっと見つかった、そんな気がしましたし、これからの日本に、とても必要なメッセージだと思っています。

（三重県／MMさん）

■1期はどちらかというと、シュタイナー教育をわかりやすく解説という印象を受けました。2期は、シュタイナー思想を大村祐子さんの体験を引用しつつ解説という印象。が3期は、どの号も自分の生き方を常に問われ、また「ひびきの村」の皆様の世界に働きかける強い力を感じ、圧倒される思いでした。自分のより深いところからゆさぶられる感じが徐々に強くなり、私自身が動き出すことを促されていると感じています。

大村さん、体に気をつけて……どうか体の声に耳を傾け、無理なさらないようにと願っています。大村さんの生き方にふれることは、私を含めた、たくさんの人々に感動と勇気を与えてくれます。

（北海道／熊谷倫恵さん）

★『心の教室』は今号で終了……いや卒業といたします。会員、読者の皆様から考え、想い、悩みを文字にしていただき、通信講座の各号企画立案の上で、また大村さんの活動や「ひびきの村」の実践の上で、私たちは大変参考にさせていただきました。私たちがつくっている毎回のブックレットが、世の中に必要とされている行為なのだと実感できたことも、何よりの励みとなりました。深く御礼と感謝を申しあげます。期を終え、号を追うごとに、アンケートでの内容や問題指摘が鋭く、深く、皆様の内面をさらけ出していただけるようになってきた点でも、この大村さんの3年間の努力が、少しずつ根を下ろし、多くの皆様にとってエネルギーになっているのだなということも実感できました。うれしい限りです。

何千人、いや何百人かの読者のお一人、お一人が、「私自身が動き出す」ことになった時、世の中にとってどれほど大きな力に変化するでしょうか。「教育から、シュタイナー教育から、社会を変える」ということが、現実の改革になるのです。

私事ですが、交差点で横断歩道を渡る時、私のために止まってくれる車に対し、頭をちょっと下げたり、手をあげて「ありがとう」と心の中でつぶやくことにしています。もしそれを見て、「車を停止してよかった」と気持ちよく感じてくれるドライバーが一人でもふえてゆけば、もしかするといつか、どこかで交通事故が減ったり、場合によっては、人の生命が助かるかもしれない、と思って、あえてそうしています。

人と肩や手がぶつかったり、電車から人をかきわけて出てゆく時当り前ですが「すみません」「失礼……」と必ず小さくても声をかけます。（アメリカなどでは常識ですが）最近、駅や混雑する街角をみていても、皆、ほとんど無口です。時には肩がふれただけで口論をする中高年者さえみかけます。何かが、人の心の中で停止してしまったように感じるのは、私だけの取り越し苦労でしょうか。私にとっての社会教育とは、自分に対しても他に対しても、そう行為することでした。

どうか皆様お一人、お一人が、自らの場所で、自らのやり方で、必要な時にそれを実践していって下さい。そのことが、この1〜3期で大村さんが「ご一緒に学びましょう」とメッセージされてきたことの一つの答え方だろうと思います。そしてまた、「心の教室」で、お互いに名前も顔も知り合えない、しかし明らかに同じ志を共有する「仲間」（そしてブックレット共同体の一員であり、同じ教室で学びあった同時代を生きる者）として、またいつか、再会する日を待ちたいと願わずにいられません。

力不足でしたが、ありがとうございました。お一人ずつに、小さなコメントを書くつもりでしたが、紙数がなくすみません。今号も、深く考えさせられました。（編集担当／柴田敬三）

読者はがきから抜粋

通信講座、スクーリング・レポートや絵本の読者ハガキ。皆様ありがとう。

〈通信講座読者ハガキより〉

●すごくわかりやすくて、すーっと染み入るように文章が入ってゆくのです。（神奈川県／長まりこさん）

●なかなか読みごたえがあり、全部読むのに時間がかかる。クリスチャン以外の信仰を持つ者の「シュタイナー思想」の実践方法が知りたい。（富山県／金岡玲子さん）

●現実のシュタイナー教育の実践を知ることは大切でしょう。でも私は古典的なシュタイナー教育学を学びたいと思っています。（埼玉県／南るみ子さん）

●ひとりで読むにはちょうどいいです。エクスサイズやフォームドローイングなどがあるのもいいです。都市ばかりでなく、地方（自然の中）でもスクーリングを。

（群馬県／小森谷玲子さん）

●たて書きにこだわる理由があるのでしょうか。横書きの方が読みやすいと思うときがよくあります。

（東京都／山口玲美子さん）

●地元の本屋さんで見つけました。その後は入荷していないようです。読みやすく、もっと学びたい気持ちになりました。以前、子どもと一緒に手仕事の会を開いてました。

（新潟県／今井孝子さん）

●子育て真最中の私にとって、ブックレットのことばのひとつひとつが大変重みがあり励みになります。人生の7年周期、私はズバリいろいろな変をしてきていて、今、毎日新しい自分と出会っているんです。

（神奈川県／近藤奈緒美さん）

〈スクーリング・レポート（模擬授業）の読者ハガキより〉

●以上購入しておりました第1期を、今回ようやく、でもひと息に読みました。私は公立学校の職員ではありますが、ここで私ができる限りのことをしたいと思いました。今、苦しんでいる私達と共に歩んでくださっていることが実感できました。私も是非スクーリングに参加させていただきたいと思います。目の前にいる子どもたちより、その向こうで苦しんでいる親たちと向き合うことがつらく大変な毎日です。

（岩手県／及川弘子さん）

●話し言葉でとてもわかりやすい。時間がなくてもよく頭に入る。この本で通信講座のことが出てきて、とても入手したくなりました。

（長野県／神谷いづみさん）

●写真が多く、わかりやすい内容なので初心者でも理解できる。

（宮城県／佐々木裕子さん）

〈絵本の読者ハガキから〉

●大村さんの講演会場で絵本を購入しました。とても心あたたまる素敵なお話でした。一般の公立校に通っている子どもへのシュタイナー的働きかけについて知りたいです。

（岐阜県／水田由美さん）

●シュタイナーの著書や解説書はありますが、現代の科学で証明されるような書物や専門家はいるのでしょうか。

（東京都／水上麻由子さん）

●今まで子どもに聞かせていた絵本より絵が少なく、初めはとまどったようですが、読み終わるともっと聞きたそうな様子で、子どもとしても何か感じるものがあったようです。

（3歳の子どもに読んで聞かせるために購入しました）

（福島県／山内麻理子さん）

★毎号、ご愛読者カードをたくさんいただいています。ありがとうございます。山口さんの「タテ書きにこだわる理由は？」については、日本語の持つ流れ……と読みやすさ、目の動線を一応考慮に入れ、長い文はタテ、数字や英文字が多く、短文などの場合は横書き……の本を「ほんの木」では作ります。多くの出版社も同様です。パソコン世代の方々にはタテ書きは読みにくいでしょうか？　お教え下さい。（編集部）

前号未掲載の皆様より

ページの許す限り書きますね。少しずつの抜粋ですみません。素晴らしい内容に感謝一杯！

■果たして子ども主体の教育が行われているだろうか疑問です。教師の質もです。22歳で教師になり、子どもに対して命令口調、何だか変です。子ども達に対していつも真摯な気持ちを持っているだろうかと思うのです。（岐阜県／MOさん）

★MOさん、大村さんへの手紙、ありがとうございました。私も思わずジーンとくるものがありました。手に入れた使命を精一杯生きてください。またお便りを……。（編集部／柴田）

■第1期より毎回とても楽しみ（!?）に読ませていただいています。昨夏には、サマプロにも参加し、大村さんにお会いしました。この目で「ひびきの村」を見、以前にも増して講座の一つひとつの言葉が生きた言葉として私の中に入ってくるようになりました。最初は子どもをどう育てていったらよいか自信がなく、学び始めたシュタイナーですが、今は自分の生き方を見つめ、これからの半生をどう生きるべきか、あるいはこの社会を変えてゆくために何をすべきなのか考え始めました。このような私でも必ず用いられる場所があるはずだと考えられるようになりました。（岡山県／豊田佳菜枝さん）

★アンケート裏面にもご感想をいただきました。また、私あてに、「でも、やっぱり誰にでも受け入れられる無難な本よりも、主張のある本を作って欲しい。そう願います。応援する者もいることを知っていただけたら幸いです」と激励までいただき、うれしい限りです。豊田さんのおっしゃる通り、単にシュタイナーを知識として提供する講座の発刊は、当初から大村さんにも、私どもにもありませんでした。詳しく書けませんが、この講座の意味をご理解下さって、とてもうれしく思います。激励心から感謝します。（編集部／柴田）

■実は第1期は順調に読みましたが、第2期から集中して読めない事情になり、第3期も第4号を久しぶりに一気に読みました。今回はポストから玄関に開封しながら歩き、玄関で読みふけって座り込んでしまいました。それ程タイムリーに私の元へ届いてくれた内容でした。大村さんが原稿の遅れをおわびしておられますが、原稿はできるべき時を待って予定どおり脱稿されたと思わずにいられません。どうぞご負担に感じられずにご自分のなすべき事に向かって邁進なさって下さい。私は35歳を過ぎて迷い、考え、今学びの真最中です。このブックレットに大きな力を頂いていることに感謝でいっぱいです。（東京都／YSさん）

■ブックレットと少し離れたことですが、「わたしの話を聞いてくれますか」の192頁「使命を知る手だて」を何かあるごとに読み返しています。私が自分の使命を果せるように、自分、夫と子どもの使命とは何なのだろう。それぞれの使命を果すために、私に何ができるのか、と常々考えています。この文面を下さった大村祐子さんにただただ感謝です。

（大阪府／板垣由佳さん）

★私、柴田あてに、良い絵本が絶版となることへの想い、復刻への願い、そしてシュタイナー学校での「性教育」についてのご質問、ありがとうございました。今後の企画への課題としてゆきます。

（編集部／柴田）

■「ひびきの村」への移住を望んでいた私は「古い私」だったと思います。今の私はどこにいても私は私であると感じています。（中略）友人に、シュタイナーは人間だけが特別な存在と思っているの？と聞かれました。そして仏教思想とは違うその部分が私には受け入れられないと言われました。私には答えることができなかったのですが、何の本を読めば良いですか？

（東京都／MSさん）

★もうすぐ小社より「シュタイナーを学ぶ本のカタログ」が発売になります。ぜひその本でお探し下さい。他の疑問、学びにもきっと出会えます。カテゴリー別の212冊、実用的です。

（編集部）

■全てが「安ければ良い」「簡単なら良い」という価値観で動いている世の中、「おかしい」と気付いている人はどんどん増えていますよね。それでもまだ、世の中を変えるには少なすぎる。小さな努力を重ねること、勇気を出すこと。わかっていてもなかなか行為できない自分が情けなく、その結果が今の世の中なんだと悲しくなります。

でもあきらめないで、小さな境界線を越える努力をします。先月スーパーの駐車場で倒れていた自転車を起こしたんです。（今迄なら知らん顔してました）そしたら見ていた2歳半の息子が満面の笑顔で私を見つめていました。幼児にはわかるんですね。この先もきっと息子が導いてくれるでしょう。

（大阪府／眺野千代さん）

★心あたたまる日常風景を、的確にお伝えくださって感謝します。大村さんが続けて下さったシュタイナー教育って、こういう日常なのではないでしょうか。眺野さん、親切や良い行為は伝染するって知ってました？　それにしても息子さんへの心育て、ちょっと感動。お見事です。

（編集部／柴田）

■3月の上智大での講演で、大村さんが新たなる決意を表明されました。シュタイナー教育を受けたいと考えていた人は、その思想を完全に理解していなければならないと思っていましたが、そうではないことが分かり、少し明かりが見えてきたのです。私にとっては、精神世界へ入るような段階ですと、とても勉強についていけません。教育を変えたい、何か世の中の役に立ちたいという気持ちを持つことが第一歩なのですね。

（東京都／平賀優子さん）

■ニカノールさんの講演録をつけて下さり、ありがとうございました。北海道まで行きたい気持ちでしたが、小さい子がいて無理でした。日本で不登校の子が増えている事は今の教育がまさに「マクドナルド世界」をとるか「ジハード世界」をとるかの二者択一でしかないからでしょうか。「ジェノバの戦い」に集まった若者たちと同じように「こんな世界と自分とに一致が感じられない、生きられない」からでしょう。

ある意味でこの感性を持つ子どもたちが増えているという事は、日本にも「シビタス」を創り出す事を可能とするエネルギーがあると希望を持てると思います。大人が障壁ですね。子どもはまだ2歳になるところですが、彼女の進みたい方向へ的確にサポートができる親でありたいと思います。

（千葉県／内浦民子さん）

■個人的な話で恐縮ですが、私は今年結婚することとなりました。いろいろ準備を始めて感じたことは、ささいなこと（新居、式、生活形態、家族…）を決めながら、改めて自分がどんなに物質的、形式的なことに振りまわされていたかと気付きました。精神的なつながりを感じていた彼とも、そういうことでケンカをしたり、意見がくいちがったりと、お互いのエゴイズムがぶつかり合っています。物質的なことにとらわれていると、精神はちぢんでいくことをすごく実感しました。「エゴイズムを克服する」ことの重要性も感じました。ひとりでも多くの人が踏み止まることで地球、人類の破滅を救えるのならば、エゴイズムを克服せねばならないのですね。ニカノールさんの講演録、かみしめて読み返しています。

（東京都／KKさん）

■春には毎年中国から黄砂が風に乗ってここ帯広まで降ってきます。世界はつながっているのだなあと感じます。「グローバリゼーションと人智学」はわかりやすい内容で友人にも読ませてあげたいと思います。ニカノールさんの講演を聞き、心の奥底から燃えるような感情が起こりました。私が変わらなければ周りも変わらないのですね。市民社会は大きくふたつの世界に分かれるのでしょうか。今の社会を信じて疑わない、豊かさに満足している人々、そんな彼らは私の身近な人であり、家族です。そしてこの豊かな生活に助けられて生かされている私なのです。そう思うと心が痛みます。（中略）主婦として買い物を正しくしようと思います。環境、人権、貿易、生産者にやさしいものを選んで使います。自分だけでなく、周りの人も気持ちよく暮らせる心遣いをしたいと思います。ありがとうございます。

（北海道／吉田久恵さん）

■理屈なしでシュタイナーが大好きです。もっと多くの人々に知ってほしいし、そうなればきっと世界が変わると信じています。今年で39歳になりますが、30歳になるまで、どんな感情を抱いていたのか、意志を持っていたのか厚いベールに包まれている感じで、思っていた事、したい事自体思い出せません。シュタイナー教育や思想、わからない事だらけですが、頭でなく、心、魂で感じようと努めています。

（埼玉県／大浦留実さん）

■大村さんこんにちは。「ひびきの村」NPO認証・いずみの学校校舎完成おめでとうございます。（中略）この講座をずっと続けてきて国も個人も経済に左右されるこの困難な社会にあって、人智学の可能性を信じつつも、何ができるのだろうと考えてきました。その答えが、今月のトピックス、ニカノールさんの講演録にありました。体が熱くなりました。アンテナをよーく張っていると、小さな芽はいろいろな所に出ていることも感じました。家庭の中でできることから実践しているつもりですが、人智学を私なりに理解して外へ向かって何らかの活動をしたいと願っています。

（千葉県／沼三千代さん）

■第3期の通信講座は進むに従って、大村さんを人間として身近に感じられ、現在の自分の状況、環境の中で学べることを学び、考えできることをし、反省し、私としてよりよくなれるようやってゆこうと、アセる気持ちが静まってきました。シュタイナーはこう考えた、と紹介しているだけの本を一人で読んでいると、アセるのです。頭でわかった気になっても、できないからです。子ども相手に私の感情は激しく高ぶります。後で反省します。（中略）ブックレットの中には大村さんが超越した本の著者でなく、御自身の感情とシュタイナーの示した真理とを近づけていくための努力をしている様子が書かれていると思っています。ときどきくどいけど、好きです。ホッとします。
（千葉県／合田由起子さん）

★合田さん、子育て支援、多様性を認めない行政や社会のおかしさへのコメント、とても参考になりました。「ほんの木」の次のテーマ『子どもたちの幸せと未来を考える』シリーズへの参考になりました。
（編集部／柴田）

■教材編集の仕事をしています。その中で感じることですが、日本の公教育には一本の筋が通っていない、つまり、幼・保・小〜と続く中で、それぞれがバラバラに扱われている気がしてならないのです。また、年代によって教育内容がころころと変わり、根本的に子どもの発達段階に応じて何を学ぶべきなのか一貫して心強い主張が全く感じられない、その場主義に見えてなりません。もっと子どものことをしっかりとらえて教育について考えてもらいたいと強く願います。
（東京都／村田ともみさん）

★同感です。「強く願う」ことは、①政治、政治家を通して、政府、国に対して…と②自分自身と、自分の周りに対してとのふた通りがあると思います。私たち「ほんの木」が大村さんにお願いした「シュタイナー教育」への期待もそれでした。また、「教育を自由に選ぶ」多様な選択肢を持てる自由も、私たちの希望です。村田さん、旦那様の「上智大学」の講演に対しての論評、ありがとうございました。非常に鋭い問題指摘だと思います。改めて、単行本等で機会を持ち、大村さんとも検討します。
（編集部／柴田）

■これまでも今も悩める自分、生涯の目標として年と共に向上していく事、その向上のためになるヒントが得られればと考え、また以前から「シュタイナー」という名を耳にしていたので是非と思い、購読を始めました。自分の中に方向性、意志や思考が培われ、我が子へ夫へ、また他人に対しても思いやりや対人関係の下手な私へ、大いなるヒントになるかと強く願っている者に出会えた、という感じです。
（千葉県／加藤千里さん）

★加藤さんからは、大村さんへのメッセージをビッシリといただきました。大村さんの絵本を大切にしたい。お子さんがもう少し大きくなってから聞かせたいことなども書かれていました。本当は皆様のこうしたご意見をたくさん、詳しくおのせしたいのですが、紙面が限界です。大村さんには、すべてコピーしてお届けしています。

（編集部）

■「ひびきの村」を始めるにあたって、周囲の無理解や拒否にあったこと、そして今もまだ、理解してもらっていないことを知り、日本で公的な助けなしに何かをすることの難しさをひしひしと感じます。そんな困難な状況の中で、一歩一歩境界線を越えられている大村さん達に、頭が下がります。地域の人々に受け入れられ、自然な交流ができるようになったら、どんなによいことでしょう。
（兵庫県／駒田芳さん）

■今、保育園で非常勤で働いています。今年度はなんと、ひびき君という子が二人も!! 0歳の部屋からうちの部屋にあがってきたんですよ!! 良い園ではありますが、やはり疑問に思うこともたくさん感じて、日々保育しています。非常勤なので何も口出しはできず、サブ的な仕事、職員の手の足りないところへ走っていって、クルクル働き続ける毎日。このままでは私は、ダメになってしまうと思うこの頃です。
（東京都／ＥＡさん）

■内容が深いのでいつもゆっくり読んでいます。28歳〜35歳は人生最大の危機、を読んで、そうだったのか、私は36歳になりましたがまだまだ危機から抜け出ていません。これからは自分の人生に主体的に生きたい。シュタイナーの思想に近い所で生きていきたいと願っていますが、いろいろあって第一歩がふみ出せずにいるような気がします。

★ＭＮさん、第5号50頁の「犬飼美智子」さん→正しくは「犬養道子」さんの誤りをご指摘いただき、ありがとうございました。この場をお借りして御礼申しあげます。
（兵庫県／ＭＮさん）

（編集部）

■シュタイナー関係の本を読むうち、こんなにも広範囲に深い洞察を持ったシュタイナーその人自身に、興味が湧いてきました。今はまだ知ったばかりで、何を学びたいというより、なんでもというところです。幼児教育は特に知りたいと思いますが…。
（三重県／ＹＣさん）

★ＹＣさん、「心の教室」は2期からスタートしたものです。（別冊小冊子）3期は経済的にきついので、本誌に統合しました。2期もぜひお読み下さい。（同封されます）
（編集部）


残念なことに、私がこの講座と出会ったのは3期が始まった時代だったので、1、2期は共に学んだという実感はもてなかった。それでもそれが私にふさわしい出合いだったのでしょう。「ようやく追いついた」と思った3期には、テーマが大きくなっていて……。でも高い所からハシゴをおろしてくれているのも十分感じています。私のできる範囲で、一段一段上がっていきたいと思います。

（眺野美千代さん）

★今号は最終回として、長い長い「心の教室」となりました。そして今も5号アンケートのＦＡＸが入りました。会員の渡部正代さん、沼三千代さん、ありがとうございます。6月3日以後のアンケートは、お名前のみで対応させていただきます。お許し下さい。
（編集部）

編集者だより

第3期6号「最終回」です。

通信講座の最終回にあたって感じたこと、考えたこと

1999年の6月1日、丁度3年前の今日、「大村祐子著　シュタイナー教育に学ぶ通信講座」第1期1号が創刊になり、当時、300名ぐらいの会員になられた方と、本屋さんにブックレットが送られました。（この原稿は6月1日に書いています）

あれから丸3年、第3期6号（今号）でもって、一旦この講座を終了します。この間、1期から3期までご入会いただいた読者の皆様には心から御礼と感謝を申しあげます。また、1、2期、あるいは3期それぞれをお読みになった皆様にも、同じく御礼と感謝を深く感じています。ありがとうございました。

当初、これほど大勢のご入会を予想しておりませんでした。これもひとえに「らでぃっしゅぼーや」「大地を守る会」の中で取扱いをいただいたお陰と心より御礼申しあげます。

せっかくここまで成長した講座を終了するのはいささか残念な思いもありましたが、様ざまな角度から大村さんと検討した結果、ひとまず終了し、また新しい「あり方」を求めて行こうという点で一致しました。

当初は、第4期では「社会三層構造」を主要テーマにし、4期で終了も考えに入れて組み立てたい――と大村さんはお考えだったとおっしゃっていました。が、締切りを持つブックレットの原稿書きは、連続3年～4年となると、かなりの激務ですし、そのため、毎朝4時～5時から執筆にかかる大村さんの実情をお聞きし、無理は避けて「睡眠時間を確保していただき、全国へむけての今後の更なる幅広い活動のために、時間と何より健康を優先して下さい」と申しあげ、3期で終了という形を選ばせていただいたのです。

これからは、遅れていた単行本を何冊かずつ、毎年出版していただければと思っています。まず、「7年周期」の本を今、手がけていただいています。もう少しお待ちください。

またこの、通信講座が、会員読者の皆様と「ひびきの村」の共同体活動の間を、しっかりと結びつけられたのでは？　との思いもあり、「ひびきの村、いずみの学校」も54名の子どもを預かる場となり、全国から移住されたご家族も、38組になったと聞いています。

ある意味でそれは、「ほんの木」が第1ステージの役割を果たせたかな、という安堵感を私は持っています。5月18日に行われた「ひびきの村」の父母会を拝見し、活発な活動とビジョンあふれる運営ぶりを目のあたりにし、心強い思いを抱くと同時に、「ああ、これで3期で終了できそうだな」との思いにかられました。本当にうれしいことですし、移住され、人生の大きな決断を「子どもたちの教育」という視点を最優先された皆様に、心からの激励をお送りしたいと思いました。「ほんの木」で発行させていただいたこの講座が、真に生きたテキストであったことを確信できたひと時でした。

1期から2期、3期へ私たちが実践したこと。

1期から3期の間に、色いろなご意見、ミスもありました。例えば、以下でした。

①通信講座という用語は、不適切ではないか。

②誤字、脱字、固有名詞の誤りなどの、編集上のミスによるご迷惑も、かなりしばしば起こしました。（私自身の能力、体力、注意力の欠如によるものと反省しきりです）

①については、皆様はいかがお感じだったでしょうか。新聞広告にあるような、通信講座とは別のものとして、私は、会員の方々がそれぞれのご家庭や、必要な場に於いて、大村さんの思想や考え、エクスサイズと向き合って、「心の教室」も含め、交流を果しえたのではないかと思っています。

意外だったのは、私の感じていた「シュタイナー思想・教育」観と、必ずしも一致しな

EDITORS' ROOM

い多様な読者の方々がおいでになったことでした。小社では、（大変遅れています。胸つき八丁で進みが遅いのです。すみません）7月中に、ようやく『シュタイナーを学ぶ 本のカタログ』を発刊します。212冊のシュタイナー関連の著、訳書を1冊1頁で紹介するカタログです。この212冊に目を通す中で、シュタイナーが、民主主義や、社会のあり方、世界観、人間の生き方などについて語った書籍が多くあり、私は、感じていたシュタイナー観についての見方を再肯定しましたが、ぜひ、シュタイナーの様ざまなメッセージを読んでいただき、今日の時代の中で、どのようなことが人間の誤まりを生み出すのか、についてご理解を深めていただければと思います。

戦争、平和、軍事力、憲法、国、民族、文化。その中で制約を受ける教育、思想、政治、経済などについて、私たちは世界に対して、日本に関して、どういう価値観で生きてゆくのか。次の世代に、何を置いてゆくべきか、考えさせられる点が多くあるように思います。

教育をどう変えるべき？・「ほんの木」は改めて考えます。

この日本で「教育の自由化」への熱と期待が少しずつ高まっています。シュタイナー教育をはじめ、いわゆる従来の文部科学省の規定する「教育内容」（学習指導要領）と、学校制度（学校教育法）になじまない「自由な教育」は、公的にわが国では認められていません。例えば、在日の子どもたちの「朝鮮人学校」や「アメリカン・スクール」などは、現在の日本の法律では学校ではない、とされてしまいます。国、公立大学への入学資格や、例えば夏、春の甲子園の野球すら、出場資格がないというのが、悲しい日本の考えです。今ようやく、不登校やいじめ、自殺や、子どもの教育の困難、学校崩壊や教育崩壊という実態の中で、チャータースクールや、コミュニティスクール、フリースクールという名称の多様な教育上の試みが検討され始められていますが、障害を持つ子どもたちとの統合教育についても、遅々として進みません。これで21世紀の教育といえるのでしょうか。

私たち「ほんの木」では、「教育の自由化」に向けて、再び新しい視点から、『子ども達の幸せと未来』というシリーズの、0歳〜9歳むけの会員制メディア（後述）や、会員制の「通信講座」の同窓会ふう冊子シリーズを出してゆきたいと考えています。どうか、この考え方に賛同いただける方は、ご一緒にご参加ください。

（この件については、別途ご案内致します）

何か言いたいなら、自分で本を書いたら、という厳しいご意見も

こうアンケートに書いてくださった読者の方がいらっしゃいます。私（柴田）に対しての「自分の意見を、大村さんの本の中で述べるのはいかがなものか」という意味だと理解していますが、正直、ガックリきました。

がしかし、とてもストレートで、もっともなご意見でもあります。逆に、この方の考えに反対の「私はほんの木のやり方を応援しています。一人かもしれませんが、そういう読者もいることを知っていてください」というメッセージも、多数寄せられました。励みになりました、とても。

ふつう、単行本の場合は、めったに編集者や出版人が自分の意見を打ち出すことはしません。が、この通信講座は、大村さんと読者の皆様と、その間に進行役として、仲間として「ほんの木」が入り、いわば三角形で進めてゆきたいと私は考えて、やっていました。

正直、この講座開始への動機は、「日本の教育を何とかしたい」という想いでした。大村さんという著者の主張する、シュタイナー思想に裏付けられた教育観と実践を、ご自身の言葉で書いていただく、という講座をご一緒に始めることができ、また、そのことが「ひびきの村」を全国に広め、シュタイナー思想を実践して生きる人々の姿を、大村さんが描き、伝えたのでした。恐らく、会員の皆様は、今までのシュタイナー本にない「何か」をお

感じになって大勢の方々の参加へと結びついたのだと思います。そのような展開の仕方は、「ほんの木」の意志でもありました。企業として利益を出して、スタッフの生活を保持し、一方、世の中をより良く作り変える仕事を追求しようと試みました。もちろん、この講座でスタッフの生活をまかなってはいませんでした。私たちは多くを「自然なくらし」というオーガニック通販をたよりに生きてきました。

　が、人間の想い、思想、社会への怒りや代案提示をすることが必要な場合は、私は今後、自らの資金で本なり、他のメディアで自分の主張を訴えるつもりです。単なる編集者、出版人（出版によってビジネスをする）を継続し続けるには少々年齢がいってしまいました。がしかし、一方で私たちのスタッフも収入を得、生きてゆかねばなりません。お金をかせぐ方法に、癒法の杖はありません。

「ほんの木」第100冊の本がこの通信講座No6です！

　もう少しお伝えしたいことがあります。長くなってすみません。

　実は、大村さんのこの第3期6号は、「ほんの木」が1986年に出版を開始して、第100号にあたります。第1号は「ばななぼうと」という、市民運動やNGO団体の運動のあり方や、ワークショップを船上討議するため、神戸から徳之島、石垣島を往復するチャーター客船企画への討議本でした。全国1300団体の名簿をうしろにつけた、日本の市民運動のスタートの本、とでもいうべき一冊でした。

　徳之島のお百姓さんが、しわくちゃの千円札をポケットから大事そうに取り出して、買っていった、あの時の感動は今も忘れません。「こうして本を売ってゆこう」と、それ以来、私たちの出版の原点として、「ばななぼうと」があります。以来、1988〜91年の間、30号を出版して廃刊した、幻の雑誌「アップデイト」を除き、この大村さんのブックレットが、第100号となったのです。私は、「ほんの木」で100冊単行本を出したら次の世代に代表を譲ろう、と考えていましたので、この6月1日（今日なのですが）からは、取締役として、創業以来16年、私を常に助け、働いてくれた高橋利直君に代表をバトンタッチします。私事で恐縮ですが、ご報告に代えさせていただきます。

　私は、一介の編集者として、再び出版、映像などのコンテンツ制作にチャレンジし、「ほんの木」をいわゆる「食える会社」にするために、努力をしてゆくつもりです。

　私は1981年に編集・制作会社として始めた「(株) パンクリエーティブ」の代表として、改めて世直しに値する活動に挑戦してゆきます。またどこかで皆様にお会いすると思いますが、その節はどうぞお声をかけてください。なお、大村さんの講演会などにつきましては、引き続き、私が担当し、できる限り全国へ、大村さんのマネージャー役で同行させていただきます。ご了承ください。

　また、もしかすると『通信講座』の同窓会的な冊子の編集をするかも知れません。お楽しみに。

大村さんの講演会のこと 9月からの連続特別講座のこと

　全国から、講演会を開催していただける方お手伝いいただける方が、続々とお手をあげていただいています。ありがとうございます。

　私の仕事のオーバーフロー状況のため、少し、アレンジが遅れています。もうしばらくおまちください。全体を決定し次第、DMか何らかのご案内方法を考え、お知らせいたします。あるいはスケジュールの全体は、前述の発行予定の、同窓会ふう冊子の中に入れられるかもしれません。

　さて、9月からの特別講座の件で、とてもうれしいニュースがありました。神奈川県横浜市緑区にある、横浜国際女学院翠陵中・高等学校が、校舎を「会場に使ってください」というお申し出をしてくださいました。

　当初、私共「ほんの木」のワンフロアーを

すべて空にして、教室らしくアレンジし、何とか30人～40人ぐらいの参加者をおよびして――と考えていました。が、予想よりお問合せが多くなりそうなこともあり、都内の会場探しも同時に行っていました。ところが、オビに短かし、タスキに長し。土日、しかも9月～12月と連続のため、なかなか的確な条件の場所が見つかりませんでした。その時、一本の電話が入ったのでした。翠陵中・高の杉田先生が、ご夫婦で大村さんのファンということもあり、学校の了解を取ってご提案を当社に連絡してくださったのでした。

緑の木々に囲まれた静かな教室で、9月からの特講が行われる予定です。「必要な時に必要なことが行われる」ということや、大村さんが常に「そう決めたら、できるのです」と語る意味を実感しました。

杉田先生ご夫妻に心から感謝申しあげます。

「ほんの木」から、シュタイナー教育の「子どものための」会員誌が。

誌面が少なくなりました。小さな文字のコーナーをお読みいただきありがとうございます。「ほんの木」そして編集者のグチやたわごと、誤字、おわびなどにおつき合いくださった皆様に、お知らせです。

『子どもたちの幸せと未来を考える』発刊

実は、第1期、2期で通信講座をおやめになった方々の中に、「子育て、教育中」の読者がたくさんいらっしゃることを、少々心苦しく思っていました。目の前の子どもたちへの「シュタイナー」的な視点からのこころ配りや、子育てや教育情報を求めていらっしゃるのではないか、との編集部の印象です。

こうした方々と、再びご一緒に「考え、悩み、そして共に生きる」メディアの中で、出会うことができたらとの思いから、9月か10月頃より『子どもたちの幸せと未来を考える』シリーズというタイトルで、小冊子を定期的に、会員システムで発行する準備に入ります。シュタイナー教育を半分、他に「自然流子育て」や、教育の自由化への記事、アロマテラピーや、エコロジー、シンプルライフなどの視点からの記事もアレンジする予定です。育児・子育て・教育を、新しいライフスタイルから提案する新メディアを……と企画中です。また、「通信講座」の同窓会冊子シリーズも検討中です。（秋より）

（お問合せ・お申込み）☎03・3291・3011　fax03・3295・1080

ここで、おわびと訂正があります。最後まですみません。

★前号、第3期第5号で、P50、「真のコスモポリタンになる」の所で、犬飼美智子さんとあるのは、犬養道子さんの誤りでした。読者のご指摘を受けるまで、気付きませんでした。編集者として、誤りを発見すべき所を、見逃して本にしてしまいました。心よりおわび申しあげます。大村さんからも、読者の皆様に、同様のおわびと訂正がありましたので、ご報告申しあげます。

（ほんの木・柴田）

という、私らしい情けない終了の仕方で、何とも寂しいのですが、3年間、本当にありがとうございました。また新しい単行本や、メディアでお目にかかれる時を、心より楽しみにしております。何かありましたら、（このコーナーへのご感想など）ご一報ください。

〒101・0054　東京都千代田区錦町3の21　三錦ビル「ほんの木」柴田敬三あて
Tel 03・3291・5121
Fax03・3295・1080

9月から、主に教師向け特別講座を開始！（神奈川県）

第3期で講座は終了しますが、9月～12月の4カ月、毎月2日ずつ計8日、大村さん他「ひびきの村」スタッフで、「教師のための特別講座」を開きます。くわしくは本誌160～161頁をごらん下さい。お問い合せは「ひびきの村」☎0142・21・2684

大村祐子さんのプロフィール
1945年北京生まれ。東京で育つ。1987年、カリフォルニア州サクラメントのルドルフ・シュタイナー・カレッジ教員養成、ゲーテの科学・芸術コースで学ぶ。'90〜'92年までサクラメントのシュタイナー学校で教え、'91年から日本人のための「自然と芸術コース」をカレッジで開始。1996年より教え子らと共に、北海道伊達市でルドルフ・シュタイナーの思想を実践する日本で初めての共同体「ひびきの村」をスタートさせる。1998年帰国。「ひびきの村」代表。著書は、1999年6月スタートのこの通信講座シリーズの他に1999年3月発売「わたしの話を聞いてくれますか」、「ひびきの村 シュタイナー教育の模擬授業」、「創作おはなし絵本」①②（すべて小社刊）などがある。
「シュタイナーいずみの学校」7・8年生担任教師。(2002年3月まで）現在、「教員養成プログラム」「自然と芸術と人智学のプログラム」他各教師。

EYE LOVE EYE
視覚障害その他の理由で活字のままでこの本を
利用できない人のために、
営利を目的とする場合を除き「録音図書」「点字図書」「拡大写本」等の
制作をすることを認めます。
その際、著作権者、または出版社までご連絡下さい。

大人のためのシュタイナー教育講座
第3期　NO.6（通巻No.18）
シュタイナーに学ぶ
「時代を越えて、共に生きること」
2002年7月1日　第1刷発行

著　者　大村祐子
発行人　柴田敬三
発行所　株式会社ほんの木

〒101-0054東京都千代田区神田錦町2-9-1 斉藤ビル
TEL03-3291-3011
FAX03-3293-4776
郵便振替口座　00120-4-251523　加入者名　ほんの木
印刷所　（株）チューエツ